JN117366

第2版

楽しい 韓国語

入門・初級

大坪祐子・小林寛・金敬鎬

가 나 다 라 마
바 사 아 자 차
카 타 파 하

HAKUEISHA

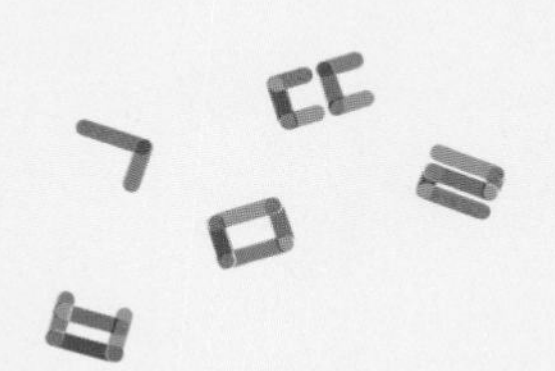

はじめに

言語は「コミュニケーション・ツール」です。社会的動物たる人間が互いに意思疎通するために作りあげた道具です。そのために、人間は生まれてすぐ言語を習得し始めます。赤ちゃんの習得する言語を第一言語または母語とすると、母語以外の言語は第二言語または外国語になります。言語習得において母語(第一言語)と外国語(第二言語)とはその習得の方法が異なります。母語は家族や周りの人々の音声を真似し、長い時間を掛けて習得されます。一方、外国語は、おおむね母語に関する知識を背景に学習される傾向があり、文字等を使い、音価を理解して、習得されます。大人と子どもの言語習得のスピードを比べると、大人の方が子どもより早いという調査結果があるのは、文字の方が音声より早く「概念化」できるためです。

本書『楽しい韓国語(入門・初級)』は、このような外国語習得の理論を踏まえて、入門段階から学ぶ韓国語学習者が、韓国語を楽しく学べるようにしました。特に、ハングル(文字)と音声との関係をあきらかにして学ぶために、入門部分で、発音変化のていねいな説明をつけました。説明を読みときながら韓国語の発音に少しずつ慣れて、会話の実践に役立つ表現の練習に入るのが効果的です。各課においても、発音に慣れて、文の構成を理解して、練習するようにしました。そこで、構成にも工夫をこらし、他のテキストとは違って、本文の前に各課の学習の導入として、簡単に文型の練習ができるよう「ウォーミングアップ」の項目を設けました。言葉を習得するためには反復練習が欠かせません。まずは、単語を入れ替えフレーズで覚えて発音の練習をしてから、文字・文法の習得に進みます。したがって、単純な会話練習は、必要な言い回しの部分だけ先取りして練習することができます。例えば「名詞 + ください」というパターンを例示しましたので、単語を覚えると簡単に韓国語で表現できます。日本語と韓国語とは語順が似通っている部分が多く、文法活用なども簡単に応用できる仕組みになっています。是非チャレンジしてみてください。

さらに、各課の本文では、韓国で実際に体験する場面を想定し身近な単語を取り入れました。実際の会話を想像しながら、単語を入れ替えて、自分で使えそうな会話の練習ができます。韓国に向かう飛行機の中で、一読するだけで、韓国語の文字と発音、使い方の基本を俯瞰することもできます。隣国の言葉である韓国語を理解し、コミュニケーションを楽しむことができたら、K-POP や韓ドラ、韓国の旅も一味ちがったものになるでしょう。韓国語に興味のあるすべての方の入門書として、本書が少しでもお役に立てたら幸いです。もっとも近い隣国で使われている、「ハングル」という文字で表される未知の世界「韓国ならではの言い回し」を楽しんで、新しい発見が広がりますよう願っています。

最後に、本書の出版を快く受け入れ、企画と編集とを担当して、尽力してくださった博英社の皆様に心から感謝をささげます。

大坪祐子・小林寛・金敬鎬

目次

音声サイト URL

音声ファイルは、

QR コードをスキャンするとご確認いただけます。

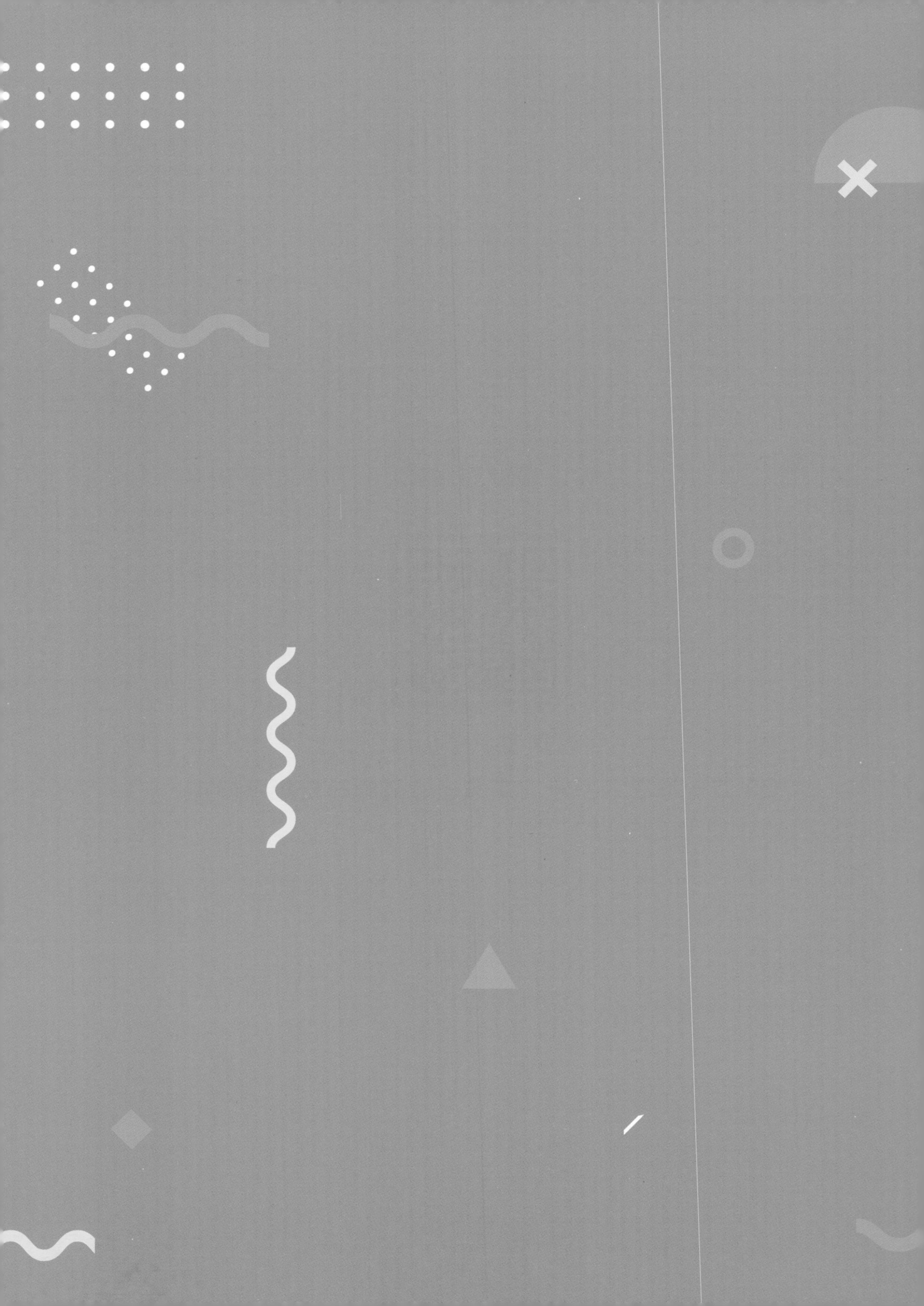

文字と発音

韓国語とハングル文字に関する話

かつて、韓国には言葉はあっても、それを記録できる文字がありませんでした。例えば、次の表現は韓国語の挨拶の表現です。

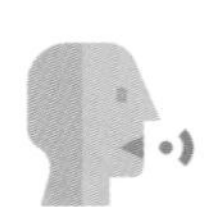

[An-nyong-ha-se-yo]

「アンニョンハセヨ」

これは、日本語の挨拶、「こんにちは…等」に当たる挨拶表現です。ただ、これを書く文字がなかったので、中国から漢字を借り、韓国語を表記しました。例えば、日本語の「よる（夜）」に当たる韓国語は、［pam］です。これを中国の漢字で「夜音」と書きました。つまり「夜」は意味を表し、「音」は、韓国語の音を表します。

しかし、この表記では漢字がわからない人はそれを読むことができないし、自分が使っている韓国語を表記することもできませんでした。言い換えると、漢字がわからないと、読むことも書くこともできなかったので、かなり不便でした。そのような状況を哀れに思っていた、ある王（世宗大王）が、中国の漢字とは異なる独自で、新しい文字を作りました。それがハングルです。

王は、韓国語を発音する際の口の動きや天、地、人の宇宙と人間という哲学思想を取り入れ、次のようなハングル（韓国語の文字）を創製しました。

子音文字：ㄱ, ㄴ, ㄷ, ㄹ, ㅁ, ㅂ, ㅅ, ㅇ, ㅈ, ㅊ, ㅋ, ㅌ, ㅍ, ㅎ
母音文字：ㅏ, ㅑ, ㅓ, ㅕ, ㅗ, ㅛ, ㅜ, ㅠ, ㅡ, ㅣ

そして、子音文字（子音字母）と母音文字（母音字母）をそれぞれ組み合わせることによって、韓国語の発音を表記できるようにしました。

そして、これを用い、[An-nyong-ha-se-yo] という挨拶をハングルで次のように書くことができました。

안 녕 하 세 요
（アン ニョン ハ セ ヨ）

ハングルの誕生です。ハングルは韓国語の発音を簡単に表すために作られたものですので、人々は漢字に関する知識がなくても簡単に覚えられることができました。

誰でもハングルを覚えれば、韓国語の発音を自由に書くことができ、読むことができたので、読み書きがたやすくなり、真の韓国語の言文一致が実現できるようになりました。

子音文字と母音文字に分けて作られたハングルは、今日のパソコンやスマートフォンなどにも適用されています。

QWERTY キーボードの例

上のキーボードの字列ですが、左の方は子音文字「ㅂ (p), ㅈ (tz), ㄷ (t)…」が並べられています。そして右の方には母音文字「ㅛ (yo), ㅕ (yɔ), ㅑ (ya)…」が並べられています。左の指では子音文字の「ㅂ (p)」等を打ち、右指では母音文字「ㅏ (a)」を打つことにより、「바 (pa)」の文字が完成します。

ㅂ + ㅏ → 바

言わば組み合わせすることがアルファベットや日本語のキーボードの配列とは異なります。

例えば、「ka, na, ta, ra」のことを平仮名で「か、な、た、ら」と書くと、「か」は子音の部分と母音の部分を分離できません。しかし、ハングル文字は、ローマ字のように子音文字「ㄱ /k/」と母音文字「ㅏ /a/」が別々あって、その組み合わせで、「가 / ka/, 나 /na/, 다 / ta/, 라 / ra/」と書くことができます。

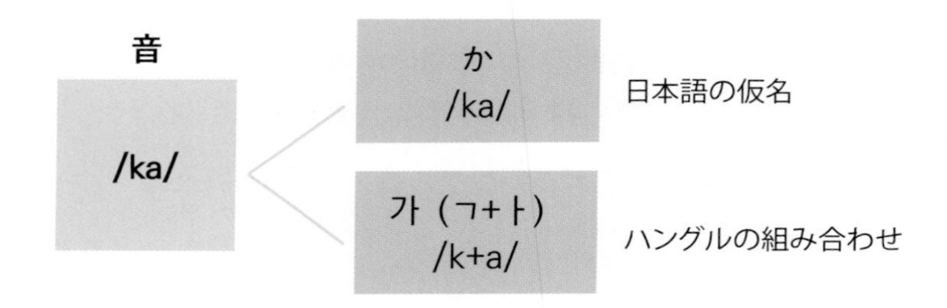

つまり、ハングルは子音文字と母音文字のシステムとして組み合わせます。

では、韓国語の勉強のために、まず韓国語の文字であるハングルを理解してみましょう。

ハングルの文字

韓国語の基本母音文字は 10 個です。それを理解してみましょう。

1） 母音文字（母音字母）

ハングル表記は子音文字と母音文字を組み合わせで書くので、字母と称します。字母は、ハングルの母体（組み合わせのモト）という意味です。

基本母音文字と音価、書き方

母音字母	ㅏ	ㅑ	ㅓ	ㅕ	ㅗ	ㅛ	ㅜ	ㅠ	ㅡ	ㅣ
音価	a	ya	ɔ	yɔ	o	yo	u	yu	ɯ	i
実際表記	아	야	어	여	오	요	우	유	으	이
仮名との比較	ア	ヤ	*オ	*ヨ	オ	ヨ	ウ	ユ	*ウ	イ

日本語の「オ、ヨ」より唇が広く開く。　日本語の「ウ」より唇が平らになります。

★ 母音文字のみを書く際には、母音字母「ㅏ，ㅑ，ㅓ..」の前に「ㅇ」を付けて書きます。

<書き方>

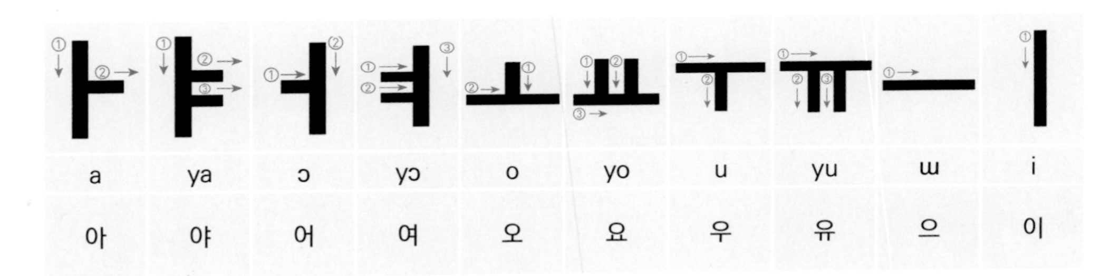

ㅏ	ㅑ	ㅓ	ㅕ	ㅗ	ㅛ	ㅜ	ㅠ	ㅡ	ㅣ
a	ya	ɔ	yɔ	o	yo	u	yu	ɯ	i
아	야	어	여	오	요	우	유	으	이

★ 理解できた人は、子音文字のページを開いてください（P.12）。

★ 詳しく理解したい人は、次の２）を見てください。

２） 文字と発音を詳しく理解しましょう。

1. ㅏ /a/

書き方は、「ㅣ」に「・」を付ける形式です。

★ 書き方：ㅣ＋・→ㅏ
（丸を長くし、わかりやすく横に伸ばす。）

★ 発音「a」・・・日本語の「ア」とほぼ同じ発音である。

<書き方>

ㅏ ▶ 0-1

① 上から下に、
② 左から右に

※書いてみましょう。母音字母「ㅏ」の前に「ㅇ」を付けて書きます。

아							

2. ㅑ /ya/

書き方は、「ㅣ」の右に「：」を付ける形式です。

★ 書き方：ㅣ＋：→ ㅑ
（丸を長くし、書きやすく横に伸ばす。）

★ 発音「ya」・・・日本語の「ヤ」とほぼ同じ発音である。

＜書き方＞

0-2

①上から下に、
②左から右に、
③もう一回左から右に

※書いてみましょう。母音字母「ㅑ」の前に「ㅇ」を付けて書きます。

야							

3. ㅓ /ɔ/

書き方は、「ㅣ」に「・」を付ける形式です。

★ 書き方：・＋ㅣ → ㅓ

★ 発音「ɔ」・・・日本語の「オ」より横広く、丸い。
英語の [another] の [ʌ－] の発音に近い。

＜書き方＞

0-3

①左から右に、
②上から下に

※書いてみましょう。母音字母「ㅓ」の前に「ㅇ」を付けて書きます。

어							

4. ㅕ /yɔ/

書き方は、「：」の右に「ㅣ」を付ける形式です。

★書き方：：＋ㅣ → ㅕ

★ 発音「yɔ」・・・日本語の「ヨ」と近いが、口を広く開ける。

＜書き方＞

0-4

①左から右に、
②もう一回左から右に、
③上から下に

※書いてみましょう。母音字母「ㅕ」の前に「ㅇ」を付けて書きます。

여							

5. ㅗ /o/

書き方は、「・」の下に「ー」を付ける形式です。

<書き方>

★ 書き方：・＋ー→ㅗ

★ 発音「o」・・・日本語の「オ」とほぼ同じ発音。

▶ 0-5

① 上から下に、
② 左から右に

※書いてみましょう。母音字母「ㅗ」の前に「ㅇ」を付けて書きます。

오							

6. ㅛ /yo/

「ㅛ」は、「yo」の発音を表します。
書き方は、「・・」の下に「ー」を付ける形式です。

<書き方>

★ 書き方：・・＋ー→ㅛ

★ 発音「yo」・・・日本語の「ヨ」とほぼ同じ発音。

▶ 0-6

① 上から下に、
② もう一つ上から下に、
③ 左から右に

※書いてみましょう。母音字母「ㅛ」の前に「ㅇ」を付けて書きます。

요							

7. ㅜ /u/

「ㅜ」は、「u」の発音を表します。
書き方は、「ー」に「・」を付ける形式です。

<書き方>

★ 書き方：ー＋・→ㅜ

★ 発音「u」・・・日本語の「ウ」とほぼ同じ発音である。
円唇（唇が丸い）性が強い

▶ 0-7

① 左から右に、
② 上から下に

※書いてみましょう。母音字母「ㅜ」の前に「ㅇ」を付けて書きます。

우							

8. ㅠ /yu/

「ㅠ」は、「yu」の発音を表します。

書き方は、「ー」の下に「・・」を付ける形式です。

★ 書き方：ー＋・・→ ㅠ

★ 発音「yu」・・・日本語の「ユ」とほぼ同じ発音。

＜書き方＞

ㅠ ▶0-8

①左から右に、

②下に上から付ける、

③もう一回、下の方に

※書いてみましょう。母音字母「ㅠ」の前に「ㅇ」を付けて書きます。

유							

9. ー /ɯ/

「ー」は、「ɯ」の発音を表します。書き方は、「ー」のみです。

★ 書き方：ー（左から右に横に伸ばす。）

★ 発音「ɯ」・・・日本語の「ウ」より横に引っ張る。

＜書き方＞

▶0-9

①左から右に

※書いてみましょう。母音字母「ㅡ」の前に「ㅇ」を付けて書きます。

으							

10. ㅣ /i/

「ㅣ」は、「i」の発音を表します。書き方は、「ㅣ」のみです。

★ 書き方：ㅣ（上から下に伸ばす。）

★ 発音「i」・・・日本語の「イ」とほぼ同じ発音。

＜書き方＞

▶0-10

①上から下に

※書いてみましょう。母音字母「ㅣ」の前に「ㅇ」を付けて書きます。

이							

*** 整理：**

母音文字（10 個）の構成と発音を理解できたか、確認してみましょう。

아 , 야 , 어 , 여 , 오 , 요 , 우 , 유 , 으 , 이
/a, ya, ɔ, yɔ, o, yo, u, yu, ɯ, i/

*** 今度は書きながら覚えてみましょう。**

아	야	어	여	오	요	우	유	으	이
아	야	어	여	오	요	우	유	으	이

★ ハングルの豆知識 ★

ハングルの創製は世宗 25 年（1443 年）に行われました。母音の文字は先ず、基本文字３字「・、ー、ㅣ」を創り、「・」は丸い天（宇宙）を表し、「ー」は平らな大地、「ㅣ」は立っている人の形を象りました。その他の母音文字はこれらの基本文字を用いて作られました。すなわち、「・」を「ㅣ」の右に付けると「ㅏ」に、左に付けると「ㅓ」に、「ー」の上に付けると「ㅗ」に、下に付けると「ㅜ」になります。さらに、「・」を二つ付けると「ㅑ、ㅕ、ㅛ、ㅠ」になります。

*** 実際の単語を書いてみましょう。**

単語：아이（子供）[ai]

아이							

単語：야유（揶揄）[yayu]（からかうことの意）

야유							

単語：**어이**（人の呼び声）[ɔi]

어이							

単語：**여우**（狐）[yɔu]

여우							

単語：**오이**（きゅうり）[oi]

오이							

単語：**요요**(ヨーヨー、玩具の一種）[yoyo]

요요							

単語：**우유**（牛乳）[uyu]

우유							

単語：**유아**（幼児）[yua]

유아							

単語：**으아**（感動詞）[ɯa]

으아							

単語：**이유**（理由）[iyu]

이유							

子音字母

1. ハングルの子音文字は、14 個です。では、それを理解してみましょう。

子音文字	ㄱ	ㄴ	ㄷ	ㄹ	ㅁ	ㅂ	ㅅ	ㅇ	ㅈ	ㅊ	ㅋ	ㅌ	ㅍ	ㅎ
音価	k	n	t	r	m	p	s	ŋ	cz	czh	kh	th	ph	h
参考	カ	ナ	タ	ラ	マ	バ	サ	ン	ヂャ	チャ	カh	タh	パ	ハ

▶ 参考

① 「ㅇ」の音価「ŋ」は、パッチム（母音の下）のみ（例：강）にあります。

② 上の表の音価の部分の「h」は、空気性が強い音を表します。日本語の「カ /ka/」より強い空気性を帯びます。

③ 「ㅈ」の音価「cz」は、発音記号では [ʧ] で表記されることもあります。ここではこの表記を使います。

*** 書いてみましょう。**

練習

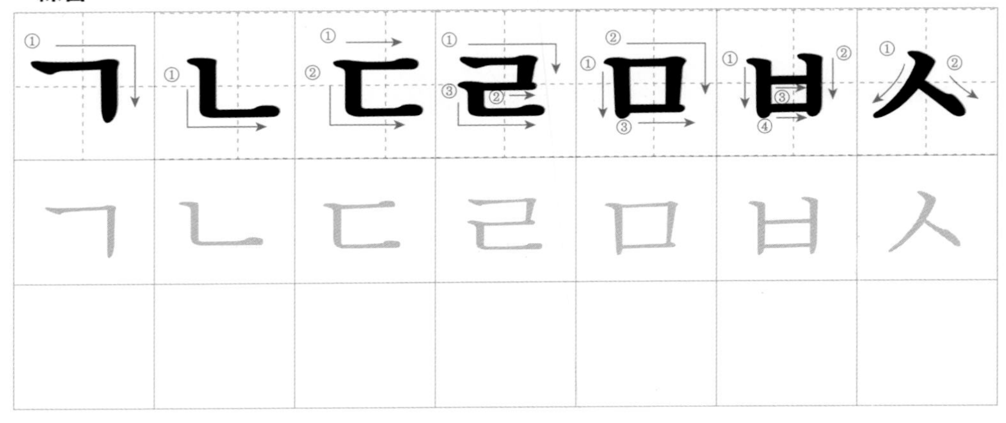

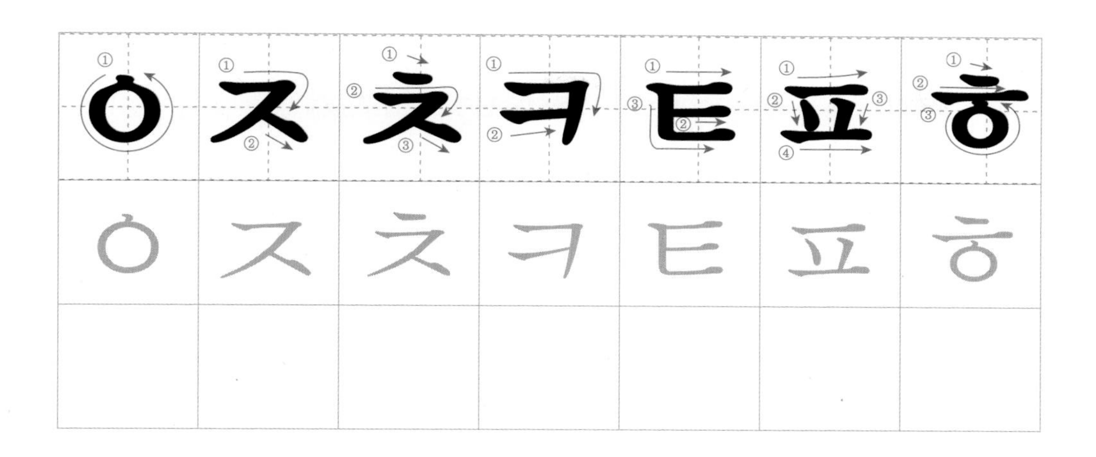

1 ★ 世宗大王と『訓民正音』

世宗大王と『訓民正音』：韓国の 1 万ウォン札に肖像画が載っている、李朝第四代の王、世宗大王の名は、李祹 (イド)(1397 ～ 1450) といいます。世宗は李朝の太祖、李成桂の孫にあたります。即位前は忠寧君、忠寧大君と呼ばれ、その治績から世宗大王とよばれました。『訓民正音』すなわちハングルを、鄭麟趾らの学者を集賢殿に集めて制定 (1443 年) し、公布 (1446 年) したことはあまりにも有名です。『訓民正音』とは「民に教える正しい音」を意味します。儒教の王道政治を心がけながら、国を中国化してしまうのではなく、むしろ固有の文字を作り、諸技術を振興し、自立させようとします。佛教を制限し、中国や日本に対して女真や対馬を攻略して領土保全をはかるなど、強攻策も採りました。韓国では李朝歴代君主の中でもっとも優れた「海東の堯舜」とも讃えられています。世宗は夜明けから正午まで読書をするので、健康を害するとの理由で両親が世宗の居所からすべての書籍を撤去させたところ、世宗は屏風の後ろにあった書籍 1 冊を見つけて、100 回以上繰り返し読んだという逸話は絵本にもしばしば描かれます。また、書籍を繰り返し読んだため表紙が破れ、たびたび縫わなければならなかったとか、食事の際にも書籍を離さなかったとも伝えられています。

2.　子音字母と母音字母の組み合わせの例

子音字母「ㄱ /k/」と母音字母「ㅏ」が結合して、文字を成す。

子音字母	音価
ㄱ	k
ㄴ	n
ㄷ	t
ㄹ	r
ㅁ	m
ㅂ	p
ㅅ	s
ㅇ	ŋ
ㅈ	cz
ㅊ	czh
ㅋ	kh
ㅌ	th
ㅍ	ph
ㅎ	h

+ㅏ/a/

가/ka/

나/na/

다/ta/

라/ra/

마/ma/

바/pa/

사/sa/

아/a/ *母音の前では音価はない。

자/cza/

차/czha/

카/kha/

타/tha/

파/pha/

하/ha/

3. 子音文字と発音：子音字母と各々の発音を理解しましょう。

1.「ㄱ」/k/

形は、鎌と似ています。左から右に横線を引きその後、縦線を引きます。

<書き方>

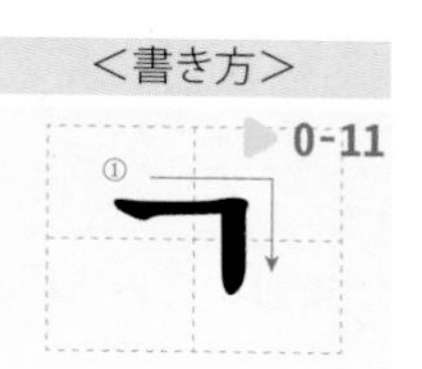

★ 書き方：①左から右に、上から下に

★ 発音：[k] は、日本語の「カ行」[ka] の子音部 [k] とほぼ似ているが、すこし弱い。

※書いてみましょう。母音文字「ㅏ」を付けて書いてみましょう。

가							

2.「ㄴ」/n/

縦線を引きます。その後左から右に横線を引きます。

<書き方>

0-12

① ㄴ

★ 書き方：①上から下に、左から右に

★ 発音：[n] は、日本語の「ナ行」[na] の子音部 [n] とほぼ同じ発音

※書いてみましょう。母音文字「ㅏ」を付けて書いてみましょう。

나							

3.「ㄷ」/t/

上から横線「ㅡ」を引きその後、「ㄴ」を付けます。

<書き方>

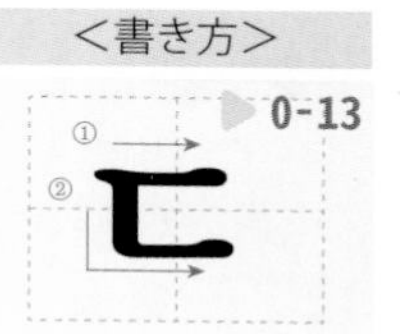

★ 書き方：①左から右に　②上から下、そして右に

★ 発音：[t] は、日本語の「タ行」[ta] の子音部 [t] とほぼ似ているが、すこし弱い。

※書いてみましょう。母音文字「ㅏ」を付けて書いてみましょう。

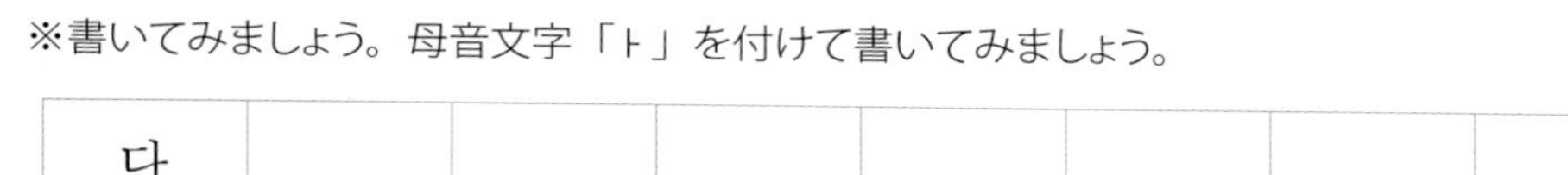

4.「ㄹ」/r/

最初には「ㄱ」を書き、その後、「ㄷ」を付ける形式です。

<書き方>

0-14

★ 書き方：①「ㄱ」を書く、②下に「ㄷ」を付ける

★ 発音：[r] は、日本語の「ラ行」[ra] の子音部 [r] とほぼ同じ発音

※書いてみましょう。母音文字「ㅏ」を付けて書いてみましょう。

라							

5.「ㅁ」/m/

四角を絵書くように書きます。

<書き方>

★ 書き方：①縦線を、②「ㄱ」を付ける、③下に横線を付ける。

★ 発音：[m] は、日本語の「マ行」[ma] の子音部 [m] とほぼ同じ発音。

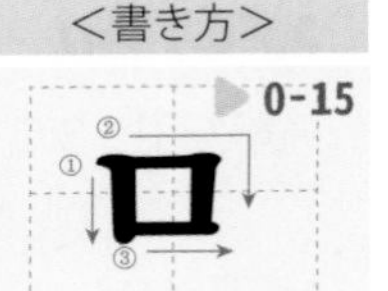

※書いてみましょう。母音文字「ㅏ」を付けて書いてみましょう。

마							

6.「ㅂ」/p/

縦線を２回書き、横線を２回書きます。

<書き方>

★ 書き方：①左の縦線を、②右の縦線を、③上の横線を、④下の横線の順に書く。

★ 発音：[p] は、日本語の「パ行」[pa] の子音部 [p] と似ている。

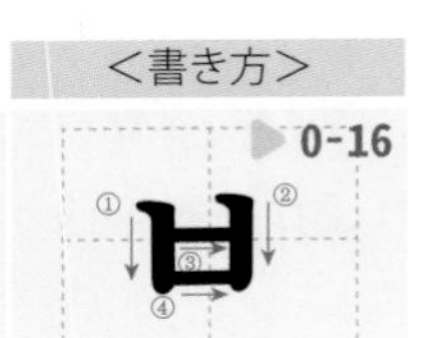

※書いてみましょう。母音文字「ㅏ」を付けて書いてみましょう。

바							

7.「ㅅ」/s/

左に斜めに書き、その後右に斜めに付け付けます。

<書き方>

0-17

★ 書き方：①上から斜めに②付けて右に

★ 発音：[s] は、日本語の「サ行」[sa] の子音部 [s] とほぼ同じ発音

※書いてみましょう。母音文字「ㅏ」を付けて書いてみましょう。

사							

8.「ㅇ」/ ŋ /

丸を描くように書きます。

<書き方>

0-18

★ 書き方：上から左に、その後右から上に付ける。

★ 発音：[ŋ] の音価は、日本語の撥音 [ん] と似ている。文字の最後「강」に現れる場合のみ音価を持つ。前に来る [ㅇ] は、音価を持っていない

※書いてみましょう。母音文字「ㅏ」を付けて書いてみましょう。

아							

9.「ㅈ」/cz/ ヂャ

上に、横線を書き、その後、「ㅅ」を付けます。

<書き方>

0-19

★ 書き方：①上に一直線を書く、②下に「ㅅ」を付ける。

★ 発音：[cz] は、日本語の「ヂャ」[dya] の子音部 [dy] と少し似ている。

※書いてみましょう。母音文字「ㅏ」を付けて書いてみましょう。

자							

10.「ㅊ」/czh/

上に「、」を、「ㅈ」を下に書きます。

<書き方>

★ 書き方：①上に先に書き、②下に書く

★ 発音：[czh] は、日本語の「チャ」[cha] の子音部 [ch] と似ているが、空気性が強い。

0-20

※書いてみましょう。母音文字「ㅏ」を付けて書いてみましょう。

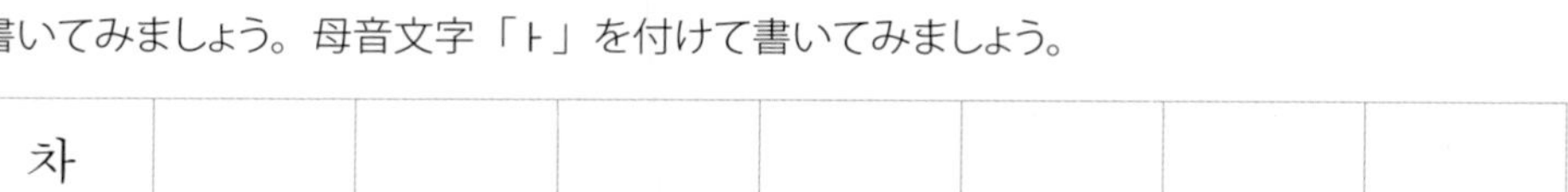

차							

11.「ㅋ」/kh/

「ㄱ」を書き、中に「ㅡ」を付けます。

<書き方>

★ 書き方：①「ㄱ」を書く。②中に「ㅡ」を付ける。

★ 発音：[kh] は、日本語の「カ行」[ka] の子音部 [k] より空気を強く吐き出す。

0-21

※書いてみましょう。母音文字「ㅏ」を付けて書いてみましょう。

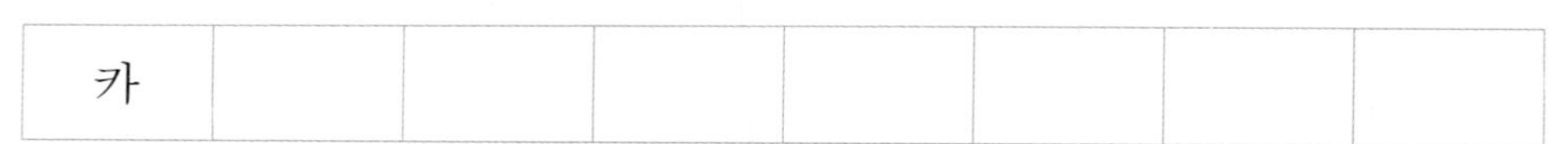

카							

12.「ㅌ」/th/

「ㅡ」を２回書き、「ㄴ」を付けます。

<書き方>

★ 書き方：①「ㅡ」を２回書く。②「ㄴ」を付ける。

★ 発音：[th] は、日本語の「タ行」[ta] の子音部 [t] より空気を強く吐き出す。

0-22

※書いてみましょう。母音文字「ㅏ」を付けて書いてみましょう。

타							

13.「ㅍ」/ph/

上に、横線を書き、その後、縦線を並びに書く、その後下に横線を書きます。

＜書き方＞

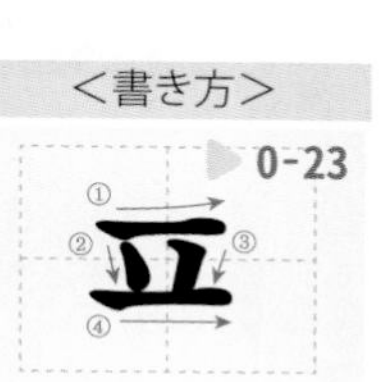

★ 書き方：①上に横線を書き、②下に横線を並びに書く、③下に横線を付ける。

★ 発音：[ph] は、日本語の「パ行」[pa] の子音部 [p] より空気を強く吐き出す。

※書いてみましょう。母音文字「ㅏ」を付けて書いてみましょう。

파							

14.「ㅎ」/h/

上に、短い線と長い線を並びに書き、下に丸を付けます。

＜書き方＞

0-24

★ 書き方：①短い線と長い線を並ばせる②丸を下に書く。

★ 発音：[h] は、日本語の「ハ行」[ha] の子音部 [h] とほぼ同じ発音。

※書いてみましょう。母音文字「ㅏ」を付けて書いてみましょう。

하							

子音字母 14 個と母音字母「ㅏ」の結合による文字の完成。

가, 나, 다, 라, 마, 바, 사, 아, 자, 차, 카, 타, 파, 하

한 글
가 방
나 무
도토리
리 본
무지개
비
사 랑
양
자
책
캠핑
태 양
파 도
하 마

＊子音文字（子音字母）と母音文字（母音字母）の組み立て方

ハングルは基本的に、子音字母と母音字母を組み合わせて書きます。文字の組み立て方を理解しましょう。

（1）右横に付ける：「ㅏ」「ㅑ」「ㅓ」「ㅕ」「ㅣ」のように、縦の線が入っているものは右に付けます。

例）가 갸 거 겨 기

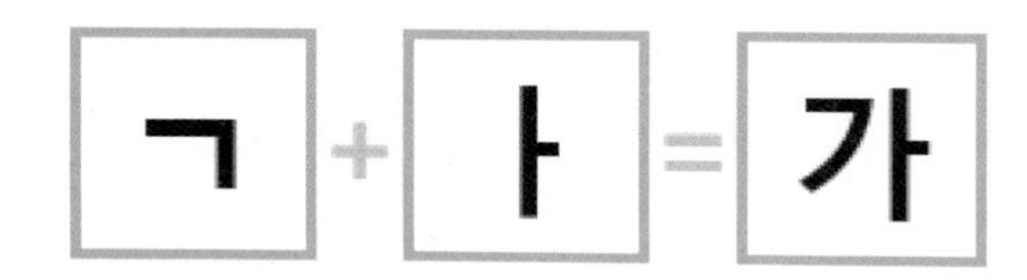

（2）下に付ける：「ㅗ」「ㅛ」「ㅜ」「ㅠ」「ㅡ」のように横の線があるものは下に付けます。

例）고 교 구 규 그

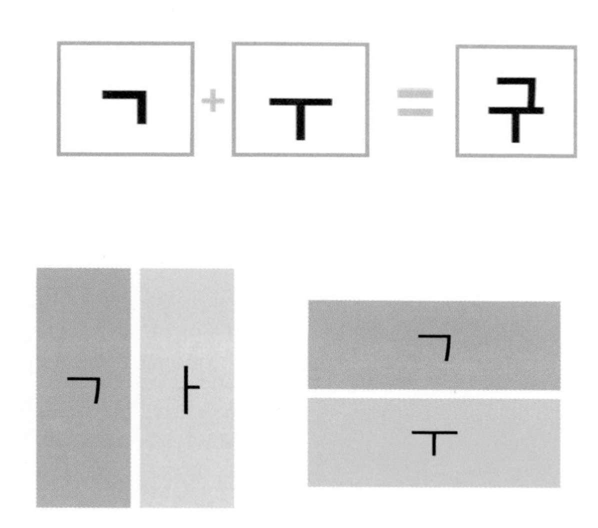

★ 子音と母音の組み合わせの書き練習：文字を組み合わせて書いてみましょう。

子音 母音	ㄱ	ㄴ	ㄷ	ㄹ	ㅁ	ㅂ	ㅅ	ㅇ	ㅈ	ㅊ	ㅋ	ㅌ	ㅍ	ㅎ
ㅏ	가							아						하
ㅑ		냐												
ㅓ			더											
ㅕ				려										
ㅗ					모									
ㅛ						뵤								효
ㅜ							수						푸	
ㅠ								유				튜		
ㅡ									즈		크			
ㅣ										치				

▶ 参考

母音文字の前にある「ㅇ」は、音価がないので、ゼロ子音と呼びます。

한글 자음 모음표

(子音と母音の組み合わせ表)

자음 \ 모음	ㅏ	ㅑ	ㅓ	ㅕ	ㅗ	ㅛ	ㅜ	ㅠ	ㅡ	ㅣ
ㄱ	가	갸	거	겨	고	교	구	규	그	기
ㄴ	나	냐	너	녀	노	뇨	누	뉴	느	니
ㄷ	다	댜	더	뎌	도	됴	두	듀	드	디
ㄹ	라	랴	러	려	로	료	루	류	르	리
ㅁ	마	먀	머	며	모	묘	무	뮤	므	미
ㅂ	바	뱌	버	벼	보	뵤	부	뷰	브	비
ㅅ	사	샤	서	셔	소	쇼	수	슈	스	시
ㅇ	아	야	어	여	오	요	우	유	으	이
ㅈ	자	쟈	저	져	조	죠	주	쥬	즈	지
ㅊ	차	챠	처	쳐	초	쵸	추	츄	츠	치
ㅋ	카	캬	커	켜	코	쿄	쿠	큐	크	키
ㅌ	타	탸	터	텨	토	툐	투	튜	트	티
ㅍ	파	퍄	퍼	펴	포	표	푸	퓨	프	피
ㅎ	하	햐	허	혀	호	효	후	휴	흐	히

重なる子音文字（濃音の表記）

前に説明した、子音文字の中の「ㄱ /k/, ㄷ /t/, ㅂ /p/, ㅅ /s/, ㅈ /cz/」の五つの文字は、「ㄲ / pp/, ㄸ /tt/, ㅃ /pp/, ㅆ /ss/, ㅉ /ccz/」のように二回重ね書き、つまった音を表します。

0-25

重ねて書く	発音	単語の例	書き練習
ㄲ	[kk]（ッカ）	끄다（消す）	끄다
ㄸ	[tt]（ッタ）	따다（開ける）	따다
ㅃ	[pp]（ッパ）	빠르다（早い）	빠르다
ㅆ	[ss]（ッサ）	싸다（安い）	싸다
ㅉ	[ccz]（ッチャ）	짜다（塩辛い）	짜다

「kk」は口の緊張性が強い濃音を表す。

▶ 参考

文字の形による発音の違い：

子音文字の中の「ㄱ, ㄷ, ㅂ, ㅅ, ㅈ」の五つの文字は次の表のように区別できます。例えば、「가 /ka/, 다 /ta/, 바 /pa/, 사 /sa/, 자 /cza/」は、平音（空気の入らない音）、文字の中に画「-」が追加されている「카 /kha/, 타 /tha/, 파 /pha/, 차 /czha/」は激音（空気が激しい音）、重なる「까 /kka/, 따 /tta/, 빠 /ppa/, 싸 /ssa/, 짜 /ccza/」は、濃音（空気ではなく詰まる音）を表します。表を見ましょう。

平音	単語	激音	単語	濃音	単語
ㄱ[k]	그러나 (しかし)	ㅋ[kh]	크다 (大きい)	ㄲ[kk]	끄다 (消す)
ㄷ[t]	다 (すべて)	ㅌ[th]	타 (乗れ)	ㄸ[tt]	따 (開け)
ㅂ[p]	바다 (海)	ㅍ[ph]	파다 (掘る)	ㅃ[pp]	뽀빠이 (ポパイ)
ㅅ[s]	사다 (買う)	*	*	ㅆ[ss]	싸다 (安い)
ㅈ[cz]	자다 (寝る)	ㅊ[czh]	차다 (冷たい)	ㅉ[ccz]	짜다 (塩辛い)

<日本語の発音との比較>

[1] 日本語の清音：　か /k̲a/

[2] 韓国語の発音：　（平音）ㄱ /k/　（激音）ㅋ /kh/

日本語の「カ」より弱い

日本語の「カ」より強い

① 日本語の濁音：　が /ga/

② 韓国語の濃音：　ㄲ /kk/

日本語の「ガ」の前に促音が来るような発音。
例：「っガ」詰める。

＊ 実際の単語を書いてみましょう。

単語：**가구**（家具）[ka・ku]

가	구							

単語：**너구리**（狸）[nɔ・ku・ri]

너	구	리						

単語：**도구**（道具）[to・ku]

도	구							

単語：**라디오**（ラジオ）[ra・ti・o]

라	디	오						

単語：**머리** (頭) [mɔ・ri]

머	리							

単語：**보리** (麦) [po・ri]

보	리							

単語：**서로** (お互い) [sɔ・ro]

서	로							

単語：**주거** (住居) [czu・kɔ]

주	거							

単語：**처자** (妻子) [czhɔ・cza]

처	자							

単語：**카드** (カード) [kha・tɯ]

카	드							

単語：**타구** (打球) [tha・ku]

타	구							

単語：**파도** (波) [pha・to]

파	도							

単語：**호수**（湖水）[ho・su]

호	수							

単語：**까치**（カササギ）[kka・tzhi]

까	치							

単語：**또**（又）[tto]

또								

単語：**뽀빠이**（ポパイ）[ppo・ppa・i]

뽀	빠	이						

単語：**싸다**（安い）[ssa・ta]

싸	다							

単語：**짜다**（塩辛い）[ccza・ta]

짜	다							

* ハングルの仕組み

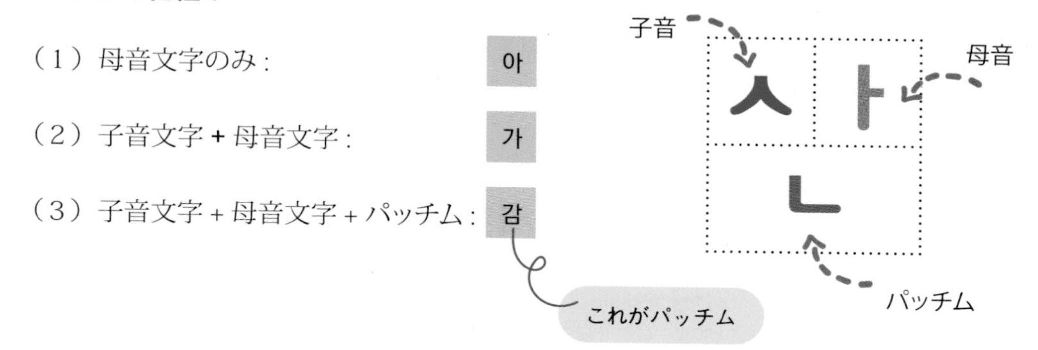

例：子音文字 + 母音文字 + パッチム

ㅁ, 마, 막, 만, 맏, 말（パッチム）

* パッチムって何？

ハングルで韓国語を書く際には「논 /non/（水田）」のように、母音文字の下に子音文字が付くことがあります。これをパッチムと呼びます。文字の最後に付くので終声とも呼びます。その例を見ましょう。

＊ここで全部覚える必要はありません。パッチムの単語が出れば一つ一つ覚えれば良いです。

パッチム（終声）の種類		発音
例	복(福)/pok/, 묶다(結ぶ)/mukta/, 부엌(台所), 흙(土), 넋(魂)	ㄱ[k]
例	논(水田), 앉다(座る)/anta/, 많다(多い)	ㄴ[n]
例	듣다(聞く), 뜻(意味), 젖(乳), 꽃(花)/kkot/, 끝(末), 놓다(置く)	ㄷ[t]
例	솔(松)/sol/, 여덟(八), 곬(ひたすら), 핥다(舐める), 싫다(嫌いだ)	ㄹ[l]
例	몸(体)/mom/, 삶(暮らし)	ㅁ[m]
例	밥(ご飯)/pap/, 덮다(蓋をする), 없다(ない), 읊다(詠む)	ㅂ[p]
例	방(部屋)/paŋ/	ㅇ[ŋ]

*実際の発音は7つのみになります。

• **文字の名称：** ハングル文字には、それぞれ名称があります。

• **母音文字の名称：** 母音の前に「ㅇ」を入れた発音がその名称になるので、歌のように暗記しましょう。

아♬ , 야♪ , 어♬ , 여♪ , 오♬ , 요♪ , 우♬ , 유♪ , 으♬ , 이♪

ㅏ 아	ㅑ 야	ㅓ 어	ㅕ 여	ㅗ 오
ㅛ 요	ㅜ 우	ㅠ 유	ㅡ 으	ㅣ 이

• **子音文字の名称：** 一音節目は子音文字「ㄱ , ㄴ , ㄷ・・・」に母音文字「ㅣ」を付け、「기 , 니 , 디・・・」にし、二音節目は母音文字「으」に該当の子音文字を付けた形「은 , 을 , 음」であります。「ㄱ (기역), ㄷ (디귿), ㅅ (시옷)」は例外であるが、同じ原理として「기윽 , 디은 , 시읏」のように読んでもオッケーです。

ㄱ 기역	ㄴ 니은	ㄷ 디귿	ㄹ 리을	ㅁ 미음
ㅂ 비읍	ㅅ 시옷	ㅇ 이응	ㅈ 지읒	ㅊ 치읓
ㅋ 키읔	ㅌ 티읕	ㅍ 피읖	ㅎ 히읗	

• **重なる子音の名称：** 子音文字の名称に二つの意味を持つ「双（쌍）」を付けます。

ㄲ	ㄸ	ㅃ	ㅆ	ㅉ
쌍기역	쌍디귿	쌍비읍	쌍시옷	쌍지읒

母音文字の合成（複合母音文字）

基本母音文字 10 個を合成して、次のような合成母音文字が作れます。

*** 基本母音文字**

母音文字	ㅏ	ㅑ	ㅓ	ㅕ	ㅗ	ㅛ	ㅜ	ㅠ	ㅡ	ㅣ

◆合成の仕方

基本文字		合成母音文字
ㅏ	+ ㅣ	ㅐ/ ae[ɛ]/

合成文字	ㅐ	ㅒ	ㅔ	ㅖ	ㅘ	ㅙ	ㅚ	ㅝ	ㅞ	ㅟ	ㅢ
結合方法	ㅏ+ㅣ	ㅑ+ㅣ	ㅓ+ㅣ	ㅕ+ㅣ	ㅗ+ㅏ	ㅗ+ㅐ	ㅗ+ㅣ	ㅜ+ㅓ	ㅜ+ㅔ	ㅜ+ㅣ	ㅡ+ㅣ
音価	[ɛ]	[yɛ]	[e]	[ye]	[wa]	[wɛ]	[we]	[wɔ]	[we]	[wi]	[ɯi]

* 合成母音文字（字母）

書く練習：

ㅐ(애)	(ㅏ ＋ㅣ) 発音：[ɛ]は、日本語の「エ」よりやや口を開いて発音。

例）**애정**（愛情）

애 정				

ㅒ(얘)	(ㅑ＋ㅣ) 発音：[yɛ]は、日本語の「イエ」の感覚で発音。

例）**얘기**（話）

얘기				

ㅔ(에)	(ㅓ＋ㅣ) 発音：[e]は、日本語の「エ」と同じ発音。

例）**지게**（しょいこ一背負子）

지게				

ㅖ(예)	(ㅕ＋ㅣ) 発音：[ye]は、日本語の「イェ」の感覚で発音。

例）**예의**（礼儀）

예의				

ㅘ(와)	(ㅗ＋ㅏ) 発音：[wa]は、日本語の「ワ」とほぼ同じ発音。

例）**과일**（果物）

과일				

ㅙ(왜)	(ㅗ+ㅐ) 発音：[wɛ]は、日本語の「ウエ」を同時に発声する感覚の発音。

例）**왜**（なぜ）

왜				

ㅚ(외)	(ㅗ+ㅣ) 発音：[we]は、日本語の「ウェ」に近い発音。[ㅞ]より、短く発音

例）**예외**（例外）

예외				

ㅝ(워)	(ㅜ+ㅓ) 発音：[wɔ]は、日本語の「ウォ」より唇の形を広く丸くして発音。

例）**뭐**（何）

뭐?				

ㅞ(웨)	(ㅜ+ㅔ) 発音：[wei]は、日本語の「ウ」と「ェ」の合成音のように続けて発音。

例）**궤도**（軌道）

궤도				

ㅟ(위)	(ㅜ+ㅣ) 発音：[wi]は、日本語の「ウ」と「ィ」の合成音のように発音。

例）**위**（上）

위				

ᅴ(의)	(ㅡ+ㅣ) 発音：[ɯi]は、日本語の「ウ」より横平らな唇の形に[イ]を続けて発音。

例）**의사**（医師）

의사				

*「**다나카 에이코**」,「**스즈키 모에**」のように、自分の名前をハングルで書いてみましょう。

....

....

2 ★ 喫煙のマナー

たばこは目上の人と一緒にいる時は、控えるのが原則となっています。韓国では両親の前で子供がたばこを吸うことは、まず、ありません。上司や親戚、先輩の前でもたばこを吸うことはほとんどありません。たばこを吸うときは目上の人の勧めがあって、それからたばこを手にとることになります。公共の場所以外では、喫煙場所や禁煙場所が特に定められていることは少なく、周囲のひとの了解や場面の状況によって、時や所を考えて喫煙します。韓国社会では一般的に、ルールそのものよりもルールがある理由のほうが優先し、臨機応変、融通してルールを現実に適用しようとすることが多く見られます。公衆の場における喫煙は良い印象をもたれないことも知っておきましょう。

ハングルの日本語表記ルール

仮名	語頭	語中、語末
アイウエオ	아 , 이 , 우 , 에 , 오	아 , 이 , 우 , 에 , 오
カキクケコ	가 , 기 , 구 , 게 , 고	카 , 키 , 쿠 , 케 , 코
サシスセソ	사 , 시 , 스 , 세 , 소	사 , 시 , 스 , 세 , 소
タチツテト	다 , 지 , 쓰 , 데 , 도	타 , 치 , 쓰 , 테 , 토
ナニヌネノ	나 , 니 , 누 , 네 , 노	나 , 니 , 누 , 네 , 노
ハヒフヘホ	하 , 히 , 후 , 헤 , 호	하 , 히 , 후 , 헤 , 호
マミムメモ	마 , 미 , 무 , 메 , 모	마 , 미 , 무 , 메 , 모
ヤイユエヨ	야 , 이 , 유 , 에 , 요	야 , 이 , 유 , 에 , 요
ラリルレロ	라 , 리 , 루 , 레 , 로	라 , 리 , 루 , 레 , 로
ワ　　ヲ	와 ,　　　　오	와 ,　　　　오
ガギグゲゴ	가 , 기 , 구 , 게 , 고	가 , 기 , 구 , 게 , 고
ザジズゼゾ	자 , 지 , 즈 , 제 , 조	자 , 지 , 즈 , 제 , 조
ダヂヅデド	다 , 지 , 즈 , 데 , 도	다 , 지 , 즈 , 데 , 도
バビブベボ	바 , 비 , 부 , 베 , 보	바 , 비 , 부 , 베 , 보
パピプペポ	파 , 피 , 푸 , 페 , 포	파 , 피 , 푸 , 페 , 포
例：キュウシュウ (九州) →규슈、トウキョウ（東京）→도쿄、 サッポロ→삿포로、トットリ→돗토리、		

인사와 자기소개

1 課

挨拶と自己紹介

ウォーミングアップ（簡単に使える文型） 1-1

文型	名詞 + 입니다.	名詞+です。
構成	학생 + 입니다.	学生+です。

練習 次の単語を入れて表現してみましょう。

単語

例 콜라 コーラ

1 학생 学生 , 2 일본사람 日本人 , 3 스마트폰 スマートフォン , 4 대학생 大学生 ,
5 볼펜 ボールペン , 6 가수 歌手 , 7 스즈키 鈴木

① 上の単語を発音しながら、表現してみましょう。

例 콜라 + 입니다. コーラです。

1 학생 + 입니다.
2 일본사람 + 입니다.
3 스마트폰 + 입니다.
4 대학생 + 입니다.
5 볼펜 + 입니다.
6 가수 + 입니다.
7 스즈키 + 입니다.

② 今度は、ハングルで書きながら表現してみましょう。

例 콜라 + 입니다. コーラです。

1 .... 学生です。
2 .... 日本人です。
3 .... スマートフォンです。
4 .... 大学生です。
5 .... ボールペンです。
6 .... 歌手です。
7 .... 鈴木です。

単語 ▶ 1-V

김소영 金 素英、人名	**일본** 日本	**사람** ひと
안녕하세요？ 挨拶表現	**이름** 名前	**저** 私、謙譲語
스즈키 鈴木	**한국** 韓国	**아키라** アキラ、名
~는 助詞「は」に当たる。	**~입니다** 「~です」に当たる。	

本文会話 1-2

소　영 : 안녕하세요? 김소영입니다.

스즈키 : 안녕하세요? 저는 스즈키입니다.

소　영 : 한국 사람입니다.

스즈키 : 저는 일본 사람입니다. 이름은 아키라입니다.

本文の表現と文の構成チェック

1 안녕하세요? （こんにちは。）

文の構成：

	안녕 + 하세요?
対訳：	安寧 ＋ ですか。

韓国語の挨拶は、時間にとらわれず、朝・昼・晩いつでも 「안녕하세요 ?」で出会いの挨拶を交わすことができます。

「안녕」は、「安寧」の漢字語です。

「하세요」は、日本語の「~ですか」に当たります。すなわち、「안녕하세요 ?」で「こんにちは」の意を表します。慣用表現で覚えましょう。

2 저는 스즈키입니다. （私は 鈴木です。）

文の構成：

	저+는	스즈키 + 입니다.
対訳：	私＋は	鈴木 ＋ です。

「저」は、「 私 (わたくし)」を表す丁寧な表現です。「저」に付いている「~ 는」は、日本語の「~は」に当たる助詞です。「~ 입니다」は、「~ です」に当たる丁寧表現で、人名や名詞に付けます。

例　저는　학생 (学生) 입니다.

◦ 練習 : 自分の名前で表現してみましょう。

1 ________ 입니다.

2 저는 ____________.

③ 이름은 아키라입니다. （名前はアキラです。）

文の構成：

이름 + 은	아키라 + 입니다.
名前+ は	アキラ + です。

対訳：　名前+ は　アキラ + です。

文の構成は、「2」と同じです。ただし、「**저는**（私は）」には、助詞として「～ 는」が付いてありますが、「**이름**」には、「～ 은」が付いています。

つまり、日本語の助詞「～ は」に当たる韓国語の助詞は、「는と은」の二つの形があるからです。

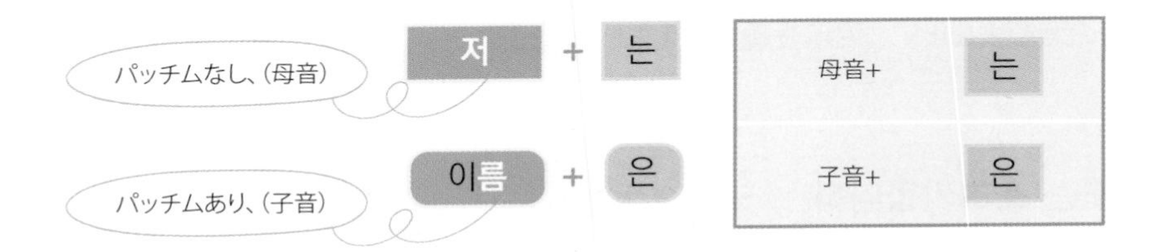

例　아키라 + 는, 스즈키 + 는
　　김소영 + 은, 한국 사람 + 은

★ 違いが解りますか。助詞「～ 는（은）」は、パッチムのない「**저**」のような単語には、「～ 는」の形が付き、パッチムのある「**이름**」のような単語が来れば「～ 은」が付きます。その理由は、韓国語は「子音 + 母音 + 子音 + 母音」の順を好みます。パッチムは子音なので、子音の次に母音が、母音の次に子音が現れます。なので、韓国語の助詞には、子音形「는」と母音形「은」の二つがあることを覚えましょう。

✲ **やってみよう!「～ は」に当たる韓国語の助詞をつけてみましょう。**

1 타피오카（タピオカ）+ ________________

2 스마트폰（スマートフォン）+ ________________

確認
1 는
2 은

発音のコツ

❶ 안녕하세요? [안녕하세요↗]

文末を高く上げます

❷ 김소영입니다

김소영임니다

「~ **입니다**」が [~ **임니다**] に変わります。

「~ **입니다**」を一音節ずつ発音すると、「**입・니・다**」で発音は変わりません。しかし、続けて一緒に発音すると、「**임니다**] に変わります。その理由は、一緒に発音することで、「**입**」が次に来る「**니**」の持っている鼻音 [ㄴ] の影響で、「**임** [im]」に変わります。そのように発音した方が発音しやすいからです。

❸ 스즈키입니다

스즈키임니다

2. と同じ現象です。

❹ 한국

항국

「ㄴ」が「ㅇ」に聞こえます

「**한국**」の一音節目の「**한**」にあるパッチムは、「~ ㄴ」で鼻音の性質を持っています。これが、二音節目の「~ **국** 」と一緒に発音されると鼻音性が強くなり、「ㄴ 」が、「ㅇ 」に変わります。意識せずに単語として一緒に発音すればそうなります。理由は、そのように発音した方が発音しやすいからです。

⑤ 사람입니다

사라밈니다

「~ 람입 ~」が「~ 라밈 ~」のようになります。

사람입 ⟶ 사라밉

「람」のパッチム「ㅁ」が次の「-입」に移る。

一緒に(連音)として発音するとパッチムの子音が次の母音に場所で発音される現象です。「사람」のパッチムの「~ ㅁ」が次の音節の「입」と結合して、「~ 밉」となり、その後、「밈니다」に発音される現象です。「입」は「니」と結合すると、「임」に変わります。これを連音現象と言います。そのように発音した方が発音しやすいからです。

⑥ 이름은

이르믄

「이름은」が「이르믄」のようになります。

「이름」のパッチムの子音が次の母音の場所に移って発音される現象です。５と同じ現象で、パッチムの「~ ㅁ」が次の音節の「은」と結合して、「~ 믄」となる現象です。

★ なるほど、韓国語のパッチムは、次に母音の発音が来ると、そこに移るのですね。

著者：そうです。

応用表現 1-3

안녕하세요? 김영철이라고 합니다.
안녕하세요? 스즈키라고 합니다.
만나서, 반갑습니다.

*

안녕히 계세요.
안녕히 가세요.

죄송합니다. 미안합니다. 미안해요.
괜찮습니다. 괜찮아요.
감사합니다. 고맙습니다. 고마워요.
천만에요.

*

友人同士

안녕? 잘 가. 잘 있어.
고마워. 땡큐.

応用表現と単語の意味

人の名前+(이)라고 합니다	「～と申します」の意、子音がある時
스즈키라고 합니다	「鈴木と申します」の意、子音がなく母音で終わる時
만나서	「会えて」の意
반갑습니다	「嬉しいです」の意
안녕히 계세요	さようならの表現。「安寧に居てほしい」の意
안녕히 가세요	「気を付けてください」の意。直訳では「安寧に行ってほしい」の意
죄송합니다 미안합니다 미안해요	「申し訳ありません。すみません。」の意。敬意の差がある。
괜찮습니다/괜찮아요	「大丈夫です」の意「＋습니다」の方がより丁寧
감사합니다 고맙습니다 고마워요	「ありがとうございます」の意。「＋합니다、＋습니다」の方がより丁寧
천만에요	「どういたしまして」の意
안녕? 잘 가 잘 있어 고마워	友人同士や年下に使う。
땡큐	英語「Thank you」の韓国語表現

練習

1 例の単語を使い、書きながら文を完成してみましょう。

	人名		~です形
例)	김영철	→	김영철입니다.

1) 이선중 ⇨ ____________

2) 박용수 ⇨ ____________

3) 일본 사람 ⇨ ____________

2 例のように簡単に自己紹介をしてみましょう。

	人名		自己紹介形
例)	스즈키	→	스즈키라고 합니다.

1) 이시하라 (石原) ⇨ ____________

2) 마쓰모토 (松本) ⇨ ____________

3) 自分の氏名 ⇨ ____________

3 返し言葉を考えて書きましょう。

	去る人に	居る人に
例)	A: 안녕히 가세요.	B: 안녕히 계세요.

1) A: 안녕히 계세요. ⇨ B: ____________

2) A: 안녕 ? ⇨ B: ____________

3 ★ 韓国の姓

韓国人の名前は、三国時代以前は今と違う名前を用いていました。現在の姓名にかわったのは統一新羅の時代の中国律令制度からの影響があるといわれます。韓国の姓名は、漢字一字（まれに二字）の姓と、一字または二字の名からなっています。金・李・朴・崔・鄭の5つの姓だけで、国民の約54%を占めます。同じ姓でも、本貫(祖先の出身地)の区別があり、例えば金氏では金海金氏が最も多くなっています。同じ姓、同じ本貫を持つ者を同族と見なし、かつては同姓同本同士の結婚は禁じられていました。ただし、同姓でも本貫が違う場合は結婚できました。李朝時代から一般にも「族譜」という先祖からの系図が整えられました。始祖は伝説に依拠したり、古代の偉人に結びつけられたりして、尊崇されています。「族譜」には女性の名は記載されていません。名が漢字二文字の場合、同族で同世代の男子が世代間の序列を表すために名に同じ文字を共有する「行列字」があります。行列字は五行に基づいて決められ、「木・火・土・金・水」の入った字を順番に付けます。例えば、ある世代で「木」の入った字（根、桓）、次の世代は「火」の入った字（煥、榮）、次の世代は「土」の入った字（圭、在）……と続きます。十干十二支を使うこともあります。ある世代で名前の漢字二文字のうち前の字を行列字にすると、次の世代は後の字を行列字にします。現在の韓国においては姓名をハングル表記することがほとんどとなり、名の部分に関しては、若い世代では漢字では表記できない固有語を用いる例が増えていることが報告されています。

직업

2 課

職業

ウォーミングアップ（簡単に使える文型） 2-1

文型	名詞 + 입니까?	名詞+ですか。
構成	학생 + 입니까?	学生+ですか。

練習 次の単語を入れて表現してみましょう。

単語

例 학생 学生

1 대학생 大学生, 2 한국사람 韓国の人, 3 회사원 会社員, 4 유학생 留学生, 5 어디 何処, 6 영철씨 永哲氏, 7 뭐 何

1 上の単語を発音しながら、表現してみましょう。

例 학생 + 입니까? 学生ですか。

1 대학생 + 입니까?
2 한국사람 + 입니까?
3 회사원 + 입니까?
4 유학생 + 입니까?
5 어디 + 입니까?
6 영철씨 + 입니까?
7 무엇 + 입니까?

2 今度は、ハングルで書きながら表現してみましょう。

例 학생 + 입니까? 学生ですか。

1 .... 大学生ですか。
2 .... 韓国の人ですか。
3 .... 会社員ですか。
4 .... 留学生ですか。
5 .... どこですか。
6 .... 永哲氏ですか。
7 .... 何ですか。

単語　2-V

~ 씨
氏（様の意）
학생
学生
~ 까
助詞、「か?」に当たる。
네
はい
대학생
大学生
아니요
いいえ
~ 이(가) 아닙니다
~ではありません
회사원
会社員
컴퓨터
コンピュータ
프로그래머
プログラマー

本文会話

▶ 2-2

스즈키 : 소영 씨는 학생입니까?

소　영 : 네, 저는 학생입니다. 대학생입니다.

스즈키 씨는 학생입니까?

스즈키 : 아니요. 저는 학생이 아닙니다. 회사원입니다.

컴퓨터 프로그래머입니다.

本文の表現と文の構成チェック

1 소영 씨는 학생입니까? （ソヨンさんは学生ですか。）

文の構成：

	소영＋씨＋는	학생＋입니까?
対訳：	ソヨン＋さん＋は	学生＋ですか。

1課で学んだ「~ 입니다 (～です)」の疑問形で、「～ですか」の意味を表します。

[~ 입니까] は、[입니다] の疑問形です。韓国語の疑問文は「?」を最後につけます。
[~ 까] は日本語の「~ か」に当たります。語尾を上げて (입니까 ?) と発音しましょう。

チェック：일본 사람입니다 . → 疑問形：일본 사람입니까 ?

✲ やってみよう! (～ですかをつけて、発音してみましょう。)

1 학교 (学校) 입니다. ⇨ 疑問形：＿＿＿＿＿＿＿＿?

2 팬 (ファン) 입니다. ⇨ 疑問形：＿＿＿＿＿＿＿＿?

確認
1 입니까?
2 입니까?

2 네, 저는 학생입니다. （はい、私は学生です。）
대학생입니다. （大学生です。）

文の構成：

	네,	저＋는	학생＋입니다.	대학생＋입니다.
対訳：	はい、	私＋は	学生＋です。	大学生＋です。

「네」は、「はい」の意味です。返事をするとき、肯定するときに使います。

3 스즈키 씨는 학생입니까? （鈴木さんは学生ですか。）

文の構成：

スズキ＋씨＋는	학생＋입니까?
鈴木＋さん＋は	学生＋ですか。

対訳：

文の構成は、「名詞＋は、名詞＋ですか。」で、1）と同じです。

4 아니요. 저는 학생이 아닙니다. （いいえ。私は学生ではありません。）

文の構成：

①아니요.	저＋는	②학생＋이	아닙니다.
いいえ。	私＋は	学生＋では	ありません。

対訳：

①「아니요」は、否定表現です。日本語の「いいえ」に当たります。

②「학생이 아닙니다（学生ではありません）」は、「학생입니다」の否定表現です。つまり「名詞＋이 아닙니다」は、日本語の「名詞＋ではありません」に当たります。

肯定形：학생입니다　→　否定形：학생＋이 아닙니다.

◦ 否定の「～이 아닙니다」の使い方

名詞	連結語尾	活用形
학생	+입니다（肯定）	학생입니다
	+이 아닙니다（否定）	학생이 아닙니다

✲ やってみよう！　～ではありません、をつけてみましょう。

1 회사원（会社員）＿＿＿＿＿＿＿＿＿＿

2 연예인（芸能人）＿＿＿＿＿＿＿＿＿＿

確認

1 이 아닙니다
2 이 아닙니다

5 회사원입니다.（会社員です。）

文の構成：

	회사원＋입니다.
対訳：	会社員＋です。

文の構成は、「名詞＋입니다」の形で、前の文と同じです。

6 컴퓨터 프로그래머입니다.（コンピュータープログラマーです。）

文の構成：

	컴퓨터	프로그래머＋입니다.
対訳：	コンピューター	プログラマー＋です。

文の構成は、前の文と同じ「名詞＋입니다」の形です。

発音のコツ

① 학생 〔학쌩〕

「**학생**」が「**학쌩**」のように強く濃音に聞こえます。

「**학생**」の一音節目の「**학**」のパッチム「ㄱ」が二音節目の「**생**」の「ㅅ」に影響を与え、強く「~ **쌩**」のように発音されます。つまり、前の「~ ㄱ」が次の「ㅅ ~」と結合し、強く（濃音）として発音されるのです。日本語で、「学［ガク］」が「校［コウ］」と結合し、「学校」という単語になった場合に、「ガッコウ」と促音化されるのと似ています。

② 아니요. 〔아뇨〕

早口で発音すると「~ **니요**」「~ **뇨**」のように、発音が縮約されます。例えば、日本語の「ない」を「ねー」というような発音の縮約現象です。

③ 회사원입니다. 〔회사워님니다〕

パッチムが次の母音に移る現象です。それを連音現象と言います。

参照 :「**사람입니다**」→「**사라밈니다**」（1 課 p.44 ⑤）

応用表現 2-3

응용 표현

스즈키 : 안녕하세요? 스즈키입니다.

영　철 : 안녕하세요? 스즈키 씨 반갑습니다.

스즈키 : 영철 씨, 전공은 무엇입니까?

영　철 : 제 전공은 역사입니다.

스즈키 : 요크사?

영　철 : 아니요, 역사. 영어로 히스토리입니다.

스즈키 씨는 직업이 무엇입니까?

스즈키 : 투어 컨덕터입니다. 여행 관계입니다.

応用表現と単語の意味

반갑습니다	「会えてうれしいです」の意、表現として覚えたほうが良いです。
전공	「専攻」の韓国漢字音
무엇	「何」に当たる疑問詞口語形は、「뭐」
제	「私の」、所有格の表現
역사	「歴史」の漢字音
요크사	「ヨクサ」、歴史の韓国語発音「역사」を日本語で発音した例。
아니요	「いいえ」、「네」の否定表現
영어	「英語」の漢字音
로	道具格「～で」に当たる助詞
히스토리	「HISTORY」のハングル表記
직업	「職業」の漢字音
~이	主格助詞「～が」にあたる助詞
투어 컨덕터	「ツアーコンダクター」のハングル表記
여행	「旅行」の漢字音
관계	「関係」の漢字音

練習

1 例のように疑問形に直しましょう。

	丁寧形		疑問形
例)	학생입니다.	→	학생입니까?

1) 대학생입니다. ⇨ ______________

2) 일본사람입니다. ⇨ ______________

3) 한국사람입니다. ⇨ ______________

4) 회사원입니다. ⇨ ______________

2 例のように次の質問に否定形で答えましょう。

	質問		答え
例)	학생입니까?	→	학생이 아닙니다.

1) 대학생입니까? ⇨ ______________

2) 일본사람입니까? ⇨ ______________

3) 회사원입니까? ⇨ ______________

4) 한국 사람입니까? ⇨ ______________

3 例のように次の質問に答えてみましょう。

	質問		答え
例)	직업이 무엇입니까?	→	학생입니다.

1) 회사원 ⇨ ________________

2) 투어컨덕터 ⇨ ________________

3) 프로그래머 ⇨ ________________

4) 대학생 ⇨ ________________

쇼핑

3 課

ショッピング

ウォーミングアップ（簡単に使える文型） ▶ 3-1

文型	名詞 + 있어요?	名詞 + ありますか。
構成	카드 + 있어요?	カード + ありますか。
答え	네(はい), 있어요(あります).	
	아니요(いいえ), 없어요(ありません).	

練習 次の単語を入れて表現してみましょう。

単語

例 초콜릿 チョコレート

1 컴퓨터 コンピュータ , 2 맛 味 , 3 스마트폰 スマホ , 4 책 本 , 5 샤프 シャープ（ペン）,
6 시디 CD, 7 재미 面白さ

1 上の単語を発音のみで、表現してみましょう。

例 質問 초콜릿 + 있어요 ? チョコレートありますか。
答え 네 , 있어요 . 肯定。 아니요 , 없어요 . 否定

1 컴퓨터 + 있어요?
2 맛 + 있어요?
3 스마트폰 + 있어요?
4 책 + 있어요?
5 샤프 + 있어요?
6 시디 + 있어요?
7 재미 + 있어요?

2 今度は、ハングルで書きながら表現してみましょう。

例 초콜릿 + 있어요 ?

1 .... コンピュータありますか。
2 .... 味ありますか。美味しいですか。
3 .... スマホありますか。
4 .... タバコありますか。
5 .... シャープ（ペン）ありますか。
6 .... CD ありますか。
7 .... 面白さありますか、面白いですか。

単語　3-V

本文会話 ▶ 3-2

 하나코 : 케이팝(K-POP) 시디(CD) 있어요?

 점　원 : 네, 있어요.

 하나코 : 제이팝(J-POP) 시디도 있어요?

 점　원 : 아니요, 제이팝(J-POP) 시디는 없어요.

本文の表現と文の構成チェック

1 케이팝(K-POP) 시디(CD) 있어요?　(K-POPのCDありますか。)

文の構成：

	케이팝(K-POP)	시디(CD)	있어요?
対訳：	K-POP	CD	ありますか。

主語が物の場合、「ありますか」の意味を表します。

★ 있어요 (あります、います - 韓国語では物でも人でも同じ表現です。)

「있어요」は、日本語の「あります」の意です。基本形「있다」に丁寧を表す「~ 어요」が付いた形です。日本語の「ある」が、「あります」と活用するのと似ています。

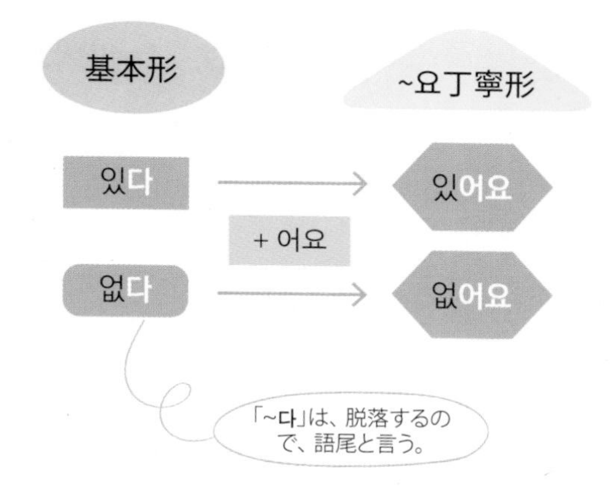

ヒント：「K-POP、CD、ありますか」と続け、文末を上げるだけで、自然な韓国語の疑問文になります。話し言葉では、「~ は」「～の」「~ を」などの助詞は、韓国語では省略される場合がありますので覚えておきましょう。

2 네, 있어요. （はい、あります。）

文の構成：

	네,	있어요.
対訳：	はい、	あります。

3 제이팝(J-POP) 시디(CD)도 있어요? （Ｊ-POP の CD もありますか。）

文の構成：

	제이팝(J-POP)	시디＋도	있어요?
対訳：	Ｊ-POP の	CD+ も	ありますか。

• ~도「〜も」の意味を表す助詞です。

✽ **やってみよう!**

1 私も ⇨ 나 ________

2 先生も ⇨ 선생님 ________

確認

1 나도
2 선생님도

4 **아니요 , 제이팝(J-POP) 시디(CD)는 없어요.** （いいえ、J-POP の CD はありません。）

文の構成：

아니요,	제이팝(J-POP)	시디+는	없어요.
いいえ、	J-POP の	CD+ は	ありません。

対訳：

主語が物の場合、「ありません」の意味を表します。

- 없어요（ありません、いません）

[없다] の丁寧形です。物、人の存在を表す存在詞で、「ないです」の意味を表します。「시디+는 없어요」は、「名詞は＋ありません」の構成です。韓国語では物と人を区別せず、同じく言います。

(物) →　없어요（ありません)、ありません

(人) →　없어요（いません)

✲ やってみよう!

1 宿題（숙제）はありません。　⇨　＿＿＿＿＿＿＿＿

2 教科書（교과서）はありません。　⇨　＿＿＿＿＿＿＿＿

確認

1 숙제는 없어요
2 교과서는 없어요

発音のコツ

① 있어요 　이써요

なぜ?「있어 ~」の一音節目の「있」のパッチム「ㅆ」に母音「어」と続くと、子音（パッチム）は、母音と結合するように聞こえます。表記と発音が少し異なるのです。

* 日本語で、一（いち）と層（そう）が結合すると「いっそう」となるように結合によって生じる変化現象です。

② 점원 　저뭔

一音節目のパッチムの子音「점」が次の母音「원」に場所で発音される現象です。韓国語発音の特徴ですね。前の音節のパッチムが、次の音節に移る現象です。

③ 없어요 　업써요

「1」の「있어요→「이써요」と似ている現象です。

「없어 ~」の一音節目のパッチムは「어 + ㅄ」のように二つあります。つまり一音節目の「없 ~」のパッチムの中、後ろにある「ㅅ」が、二音節目の「~어」に移って発音されます。そして、その「ㅅ」は、前に残っているパッチム「ㅂ」の影響を受け、強く（濃音）として発音される傾向があります。

応用表現 3-3

하나코 : 시디(CD) 있어요?

점　원 : 네, 여기 있어요.

하나코 : 엠피쓰리(MP3)도 있어요?

점　원 : 엠피쓰리는 없어요. 디브이디(DVD)는 저기 있어요.

하나코 : 디브이디는 얼마예요?

점　원 : 이천(2,000)엔이에요.

하나코 : 시디는요?

점　원 : 시디는 팔백(800)엔이에요.(입니다.)

韓国の紙幣

応用表現と単語の意味

여기	「ここ」の意、場所を表す。
엠피쓰리	「MP3」のハングル表記
없어요	「ないです」の意、「～ない」当たる「없다」の活用形
디브이디	「DVD」のハングル表記
저기	「あそこ」の意、場所を表す。
얼마	「いくら」の意、「얼마예요（いくらですか）」 「～예요」は、「～です」の意味を表す語尾です。「～입니다」よりかしこまらず少しやわらかい表現になります。日常会話ではこの「요」体を多く使います。
이천	数字「2,000」の韓国語読み
엔	日本の円のハングル表記
팔백	数字「800」の韓国語読み

3-N #数詞の読み方

일	이	삼	사	오	육	칠	팔	구	십
一	二	三	四	五	六	七	八	九	十

십	이십	삼십	사십	오십	육십	칠십	팔십	구십	백
十	二十	三十	四十	五十	六十	七十	八十	九十	百

백	이백	삼백	사백	…	…	…	…	…	…
百	二百	三百	四百						

천	이천	삼천	사천	…	…	…	…	…	…
千	二千	三千	四千						

만	이만	삼만	…	…	…	…	…	…	십만
万	二万	三万							十万

백 만	천만	억	조	경					
百万	千万	億	兆	京					

練習

1 例のように質問を作り、答えましょう。

	質問	肯定答え
例)	<시디(CD)>, 시디 있어요? →	네, 있어요.

1)〈 콜라 〉 ____________? ⇨ ____________

2)〈 티켓 〉 ____________? ⇨ ____________

3)〈 주스 〉 ____________? ⇨ ____________

2 例のように質問を作り、答えましょう。

	質問	否定答え
例)	<시디(CD)>, 시디 있어요? →	아니요, 없어요.

1)〈 커피 〉 ____________? ⇨ ____________

2)〈 볼펜 〉 ____________? ⇨ ____________

3)〈 디브이디 〉 ____________? ⇨ ____________

3 例のように次の質問に答えてみましょう。

	質問	答え
例)	얼마예요? →	천(1,000)원이에요.

1) 모자는 얼마예요? ⇒ (10,000) ________________
2) 껌은 얼마예요? ⇒ (100) ________________
3) 빵은 얼마예요? ⇒ (1,000) ________________
4) 가방은 얼마예요? ⇒ (100,000) ________________

4課

飲み物

ウォーミングアップ（簡単に使える文型） 4-1

文型	疑問詞(뭐) + 예요?	~ですか。
構成	뭐 + 예요?	何ですか。
答え	名詞 + 예요.	

練習　次の単語を入れて表現してみましょう。

単語

例　뭐예요 ? 커피 コーヒー
1 주스 ジュース , 2 컴퓨터 コンピュータ , 3 노트 ノート , 4 모니터 モニター ,
5 키보드 キーボード , 6 프린터 プリンター , 7 디카(디지털카메라) デジカメ

1　上の単語を発音のみで、表現してみましょう。質問と答えを共に。

例 뭐예요?　何ですか。
커피 + 예요.　コーヒーです。

1 주스 + 예요.
2 컴퓨터 + 예요.
3 노트 + 예요.
4 모니터 + 예요.
5 키보드 + 예요.
6 프린터 + 예요.
7 디카(디지털카메라) + 예요.

2　今度は、ハングルで書きながら表現してみましょう。

例 뭐예요?　커피 + 예요.　コーヒーです。

1 .... ?......................　ジュースです。
2 .... ?......................　コンピュータです。
3 .... ?......................　ノートです。
4 .... ?......................　モニターです。
5 .... ?......................　キーボードです。
6 .... ?......................　プリンターです。
7 .... ?......................　デジカメです。

単語 4-V

本文会話 4-2

하나코 : 이것은 뭐예요?

민　호 : 그것은 한국 녹차예요.

하나코 : 그럼, 저것은 뭐예요?

민　호 : 저것은 식혜예요.

本文の表現と文の構成チェック

1 이것은 뭐예요? （これは何ですか。）

文の構成：

	이것+은	뭐+예요?
対訳：	これ＋は	何＋ですか。

「이것+은」は、「이것（これ）」+「은（は）の構成です。助詞の「는と은」は 1 課の項目を参照。

★「〜예요」は、「〜です」の意味を表す語尾です。「〜입니다」よりかしこまらず少しやわらかい表現になります。日常会話ではこの「해요」体を多く使います。

かしこまる丁寧		少しやわらかい
녹차 + 입니다.		녹차 + 예요.

• 指示詞

이 , 그 , 저 , 어느 (この、その、あの、どの)

この	その	あの	どの
이	그	저	어느
これ	それ	あれ	どれ
이것	그것	저것	어느 것

「こそあど」を表す韓国語の指示詞です。

✲ **やってみよう!**

1 これはノート (노트) ですか。

2 それは本 (책) です。

確認

1 이것은 노트예요?
2 그것은 책이에요.

2 그것은 한국 녹차예요. (それは　韓国の緑茶です。)

文の構成：

	그것+은	한국	녹차+예요.
対訳：	それ＋は	韓国（の）	緑茶＋です。

「그것」：1で学習した指示詞をもう一度確認しましょう。

3 그럼, 저것은 뭐예요? (では、あれは何ですか。)

文の構成：

	그럼,	저것+은	뭐+예요?
対訳：	では、	あれ＋は	何＋ですか。

4 저것은 식혜예요. （あれはシッケです。）

文の構成：

	저것＋은	식혜＋예요.
対訳：	あれ＋は	シッケ＋です。

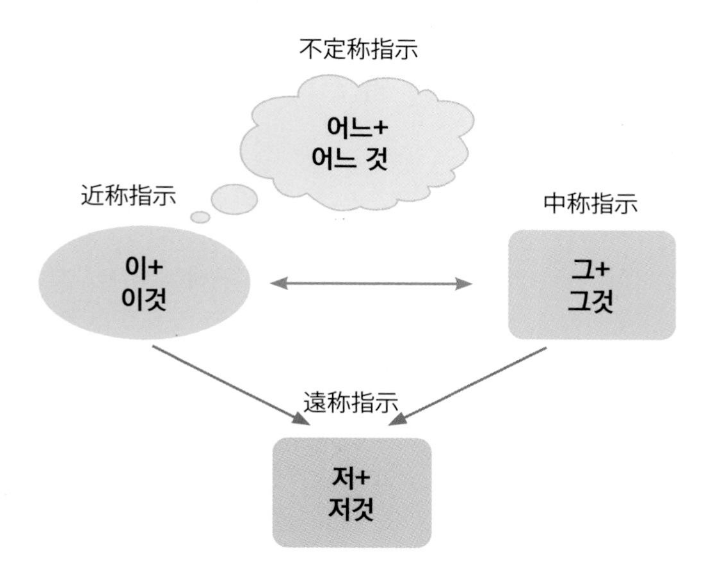

発音のコツ

① 이것은 — 이거슨

「**이것은**」の二音節目の「**것**」のパッチム「~ ㅅ」が次に母音「**으**」が続くと、子音（パッチム）は、次の音節の母音と結合するように聞こえます。覚えましょう。「韓国語のパッチムは、発音される際には、次の音節に移る（母音の場合）か、影響を与える（子音の場合）傾向があります。」

② 민호 — 미노

なぜ? 一音節目のパッチムの子音「ㄴ」が、二音節目の「ㅎ」の子音と結合し、変わる現象であります。「**호**」には、子音があるが、空気性を帯びていて、「ㄴ」の結合すると音が弱くなる傾向があるので、「**미노**」のように変わります。これもパッチムが、次の音節に移る現象です。

③ 식혜예요. — 시케예요

一音節目のパッチム「**식**」の「~ ㄱ」が、二音節目に移り、「~ **혜**」と結合します。すると、「ㅎ」は、空気性を帯びているので「ㄱ」と結合し、「ㅋ」のように空気性が強くなり、「**케**」のように激音化します。韓国語のパッチムは移りやすいし、次の音に色んな影響を与えることが確認できましたね。

応用表現 4-3

하나코 : 이건 뭐예요?

민　호 : 그건 인삼차예요.

하나코 : 그럼, 저건요?

민　호 : 저건, 식혜예요.

하나코 : 식혜요? 식혜가 뭐예요?

민　호 : 전통 음료예요.

応用表現と単語の意味

이건	「これは」の意、「이것」が口語形では「이거」になり、それに助詞「는」が結合した話し言葉、発音を縮約した形
그건	「それは」の意、「그것」が話し言葉で「그거」に変わり、それに助詞「는」が結合した話し言葉、発音を縮約した形
인삼차	「人参茶」の漢字音
그럼	「では、それでは」の意
저건	「あれは」の意、「이것」と同じく、「저것」の口語形「저거」に助詞「는」が結合した話し言葉、発音を縮約した形
식혜	飲み物、米を発酵させた飲料に、ショウガ等を加えて作られる飲み物
전통 음료	「伝統飲料」の漢字音

練習

1 例のように指示表現で答えましょう。

	近称指示		中称指示
例)	이것은 뭐예요?	→	그것은 (녹차)예요.
1) 그것은 뭐예요?		⇨	________(커피)________
2) 저것은 뭐예요?		⇨	________(주스)________
3) 이것은 뭐예요?		⇨	________(인삼차)______

2 例のような丁寧形に変えて表現してみましょう。

	基本形		~요丁寧形
例)	학생입니다.	→	학생이에요. (예요)
1) 대학생입니다.		⇨	________________
2) 일본사람입니다.		⇨	________________
3) 프로그래머입니다.		⇨	________________
4) 스즈키입니다.		⇨	________________

4 ★ 韓国の兵役制度

兵役の制度：韓国 (朝鮮) 戦争 (1950-1953) 以来、今もなお南北が対峙していて、韓国の成人男性には、一定期間軍隊に所属し国防の義務を遂行する「兵役」義務があります。こうした背景を知らないと韓流ドラマの味わいがわからない場合があります。

韓国の男性は、満 18 歳で徴兵検査対象者となり、満 19 歳までに検査で兵役の判定を受けます。検査日や検査場所は、本人が選択し、検査は、心理検査→身体検査→適性分類→兵役処分判定の 4 段階で精密に行なわれ、医師の診断、経歴や資格などを生かせる適性検査 (筆記) をもとに判定結果が出されます。判定が 1 ～ 3 級は「現役 (現役兵)」、4 級は「補充役 (公益勤務要員)」、5 級は「第二国民役 (有事時出動)」、6 級は兵役免除者、7 級は再検査対象者となります。

1 ～ 4 級判定者は、30 歳の誕生日を迎える前までに入隊します。満 20 歳～ 28 歳で、各種高校、2 年制・4 年制大学、大学院、師範研修院の在学者、一部大学浪人生は、入隊時期を延期することができるようになっています。

날씨

5 課

天気

ウォーミングアップ（簡単に使える文型） 5-1

文型	名詞 + 가 + 좋아요.	名詞が良いです。
構成	날씨 + 가 + 좋아요.	天気が良いです。

練習 次の単語を入れて表現してみましょう。

単語

例 개 犬
1 노래 歌, 2 프랑스 フランス, 3 아프리카 アフリカ, 4 농구 バスケットボール,
5 야구 野球, 6 고양이 猫, 7 공부 勉強

1 上の単語を発音のみで、表現してみましょう。

例 개가 좋아요. 犬が良いです。（好きです。）

1 노래 + 가 좋아요.
2 프랑스 + 가 좋아요.
3 아프리카 + 가 좋아요.
4 농구 + 가 좋아요.
5 야구 + 가 좋아요.
6 고양이 + 가 좋아요.
7 공부 + 가 좋아요.

2 今度は、ハングルで書きながら表現してみましょう。

例 개가 좋아요. 犬が好きです。（良いです。）

1 .... 歌が好きです。（良いです。）
2 .... フランスが好きです。（良いです。）
3 .... アフリカが好きです。（良いです。）
4 .... バスケットボールが好きです。（良いです。）
5 .... 野球が好きです。（良いです。）
6 .... 猫が好きです。（良いです。）
7 .... 勉強が好きです。（良いです。）

単語 5-V

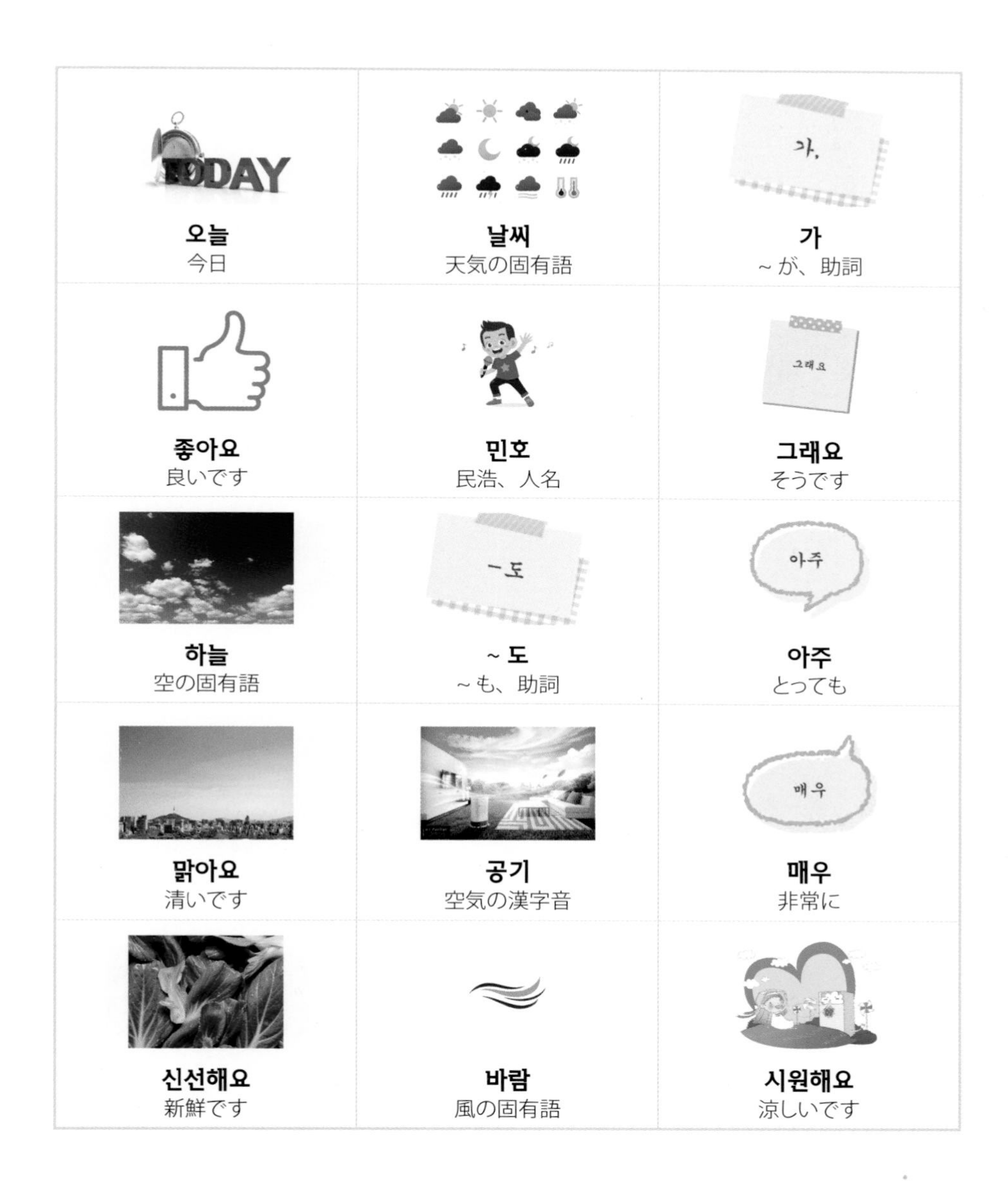

오늘 今日	**날씨** 天気の固有語	**가** ～が、助詞
좋아요 良いです	**민호** 民浩、人名	**그래요** そうです
하늘 空の固有語	**～도** ～も、助詞	**아주** とっても
맑아요 清いです	**공기** 空気の漢字音	**매우** 非常に
신선해요 新鮮です	**바람** 風の固有語	**시원해요** 涼しいです

本文会話　5-2

하나코 : 오늘은 날씨가 좋아요.

민　호 : 그래요. 하늘도 아주 맑아요.

하나코 : 공기도 매우 신선해요.

민　호 : 바람도 매우 시원해요.

本文の表現と文の構成チェック

1 오늘은 날씨가 좋아요. （今日は天気がいいです。）

文の構成：

오늘＋은	날씨＋가	좋아요.
今日＋は	天気＋が	いいです。

対訳：今日＋は　天気＋が　いいです。

「～は、～が良いです」の文で、「～가」は主格を表す助詞です。

「主格助詞：가と 이」

1) 날씨 + 가（母音の次には子音で始まる助詞「가」が付く。）

2) 하늘 + 이（子音の次には母音で始まる助詞「이」が付く。）

★「좋아요」は「良いです。好きです」の意味を持つ形容詞表現です。基本形は「좋다」で、丁寧さを表すための活用表現です。

•「요」丁寧体 (～です・ます) の作り方

基本形	連結語尾	完成形
좋다（~ 다は脱落）	~아요	좋아요

2 그래요 . 하늘도 아주 맑아요. （そうですね。空もとても澄んでいます。）

文の構成：

그래요.	하늘＋도	아주	맑아요.
そうですね。	空＋も	とても	澄んでいます。

対訳：そうですね。　空＋も　とても　澄んでいます。

(直訳：清いです)

基本形	連結語尾	完成形
맑다（~다は脱落）	~아요	맑아요

1）と同じく基本形で다の前の母音が (ㅏ , ㅗ) の場合は､「다」をとり､「아요」をつけます。

3 공기도 매우 신선해요. （空気もとても爽やかです。）

文の構成：

공기＋도	매우	신선해요.
空気＋も	とても	爽やかです。 （直訳：新鮮です）

対訳：

「～ 해요」は、基本形「～ 하다」の丁寧形です。

- 「해요」体（～です）

基本形	連結語尾	完成形
신선하다（하다は해요に変化）	~해요	신선해요

韓国語の形容詞には「신선하다」のように「～ 하다」が付く形容詞があります。「～ 하다」は、「요体」の丁寧形になる際には、「해요」に変化します。

※基本形が「하다」で終わる場合、「하다」を「해요」に変えます。

★ 参考

「신선」は日本語の「新鮮」と同じ漢字です。このように、韓国語には日本語と同じ漢字を使う単語が多くあり、発音も似ているものが多いです。

바람도 매우 시원해요. （風もとても心地良いです。）

文の構成：

바람＋도	매우	시원해요.
風＋も	とても	心地よいです。 （直訳：涼しいです）

対訳：

3）と同じく、「하다」が「해요」の形に変わります。

★ そうすると、韓国語で「～요」が付く丁寧形は、前に来る言葉の形によって、種類が違うということですね。

▶ そうです。下の比較を見てみましょう。

<比較>

・「요」丁寧体 (～です) の作り方

① 語幹に「ㅏ, ㅑ, ㅗ, ㅛ」の場合には「~아요」が付く。陽性

② 語幹に「ㅏ, ㅑ, ㅗ, ㅛ」以外の場合には「-어요」が付く。陰性

「하다」は、「~해요」が付く。

基本形	連結語尾	完成形
좋다(좋)	~아요	좋아요
맛있다(맛있)	~어요	맛있어요
신선하다	~해요	신선해요

参考　母音調和：

韓国語の発音には、同じ系統の母音が結合する傾向があります。いわば、下の表のように、陽性母音と陰性母音（中性母音）系があり、陽性母音は陽性母音で、陰性母音は、陰性母音で結合します。文字を通して理解しましょう。

種類	文字の形	連結語尾	イメージ
陽性母音	ㅏ, ㅑ, ㅗ, ㅛ 上の文字が含まれている文字	~아（陽性母音に結合)	明るい、軽快
陰性母音	ㅓ, ㅕ, ㅜ, ㅠ 上の文字が含まれている文字	~어（陰性母音に結合)	暗い、重い

★「ㅡ，ㅣ」は、中性母音とし、陰性母音の連結語尾「ー어」が結合します。

発音のコツ

① 오늘은 — 오느른

なぜ？ もうわかりましたね。「**오늘은**」の二音節目の「~ **늘**」のパッチム「ㄹ」が次の母音「**은**」に移って、「**른**」に発音されることですね。やっぱり、「韓国語のパッチムは、移りやすいですね。」

② 맑아요 — 말가요

一音節目のパッチムの子音は「ㄺ」のように二つです。二音節目の「**아**」は母音ですので、移ります。パッチムが二つの際には、後ろのパッチムのみ移り、「**가**」になります。

③ 신선해요 — 신서내요

これも、パッチムの次の音節に移動する現象です。二音節目の「ㄴ」のパッチムが三音節目の「ㅎ」と結合します。そして、「ㅎ」の空気性が弱くなり、「ㄴ」に変わり、「**신서내요**」と発音されるわけです。しかし、どうしてもこの発音が気になると、「**신선해요**」とゆっくり発音しても意味は通じます。

④ 시원해요 — 시워내요

「3」と同じ現象が理解できますね。「**시원해요**」の二音節目の「ㄴ」のパッチムが三音節目の「ㅎ」と結合します。そして、「ㅎ」の空気性が弱くなり、「ㄴ」に変わり、「**시워내요**」のように発音されます。いわば、パッチムの子音の移動です。

応用表現 ▶ 5-3

하나코 : 아, 실내가 따뜻해요.

민　호 : 그렇지만, 밖은 추워요.

하나코 : 아직도 아침과 밤에는 기온이 차요.

민　호 : 그래서, 밤에는 추워요.

하나코 : 아무튼 감기 조심하세요.

민　호 : 네, 하나코 씨도 감기 조심하세요.

応用表現と単語の意味

아	感嘆詞、相手の注意を呼び起こしたい際に用いられる。
실내	「室内」のハングル表記
~가	主格助詞、「～が」に当たる。
따뜻해요	「暖かいです」の意、「따뜻하다」の活用形、軽い丁寧を表す。
그렇지만	「しかし、でも、だが」のように、前の文と異なる、対立を表す際に用いられる。
밖	「外(そと)」の固有語
추워요	「寒いです」の意。「춥다」の活用形、軽い丁寧を表す。 「ㅂ」変格活用：語幹のパッチムに「ㅂ」に丁寧形の連結語尾が付く際には「어요」が付き、「ㅂ」は脱落し、「～워요」形に変わる。 例：덥다(暑い) → 덥＋어요 → 더워요
아직도	「いまだに」の意、「아직＋도」の構成
아침	「朝(あさ)」の固有語
과	列挙、羅列を表す助詞、「～と」の意 (前に来る単語により「～와」，口語形に「～하고」も使われる。)
밤	「夜(よる)」の固有語
~에는	「～には」の意で、助詞の結合
기온	「気温」のハングル表記
~이	主格助詞、韓国語の主格助詞は「이」と「가」の二つ形がある。この形は、パッチムがある単語に付く。
차요	「冷たいです」の固有語
그래서	「だから」の意を表す。
아무튼	「とにかく」の意
감기	「風邪」の意、漢字語「感気」のハングル表記
조심하세요	「気を付けてください」の意、漢字語「操心」に「하세요」が付いた表現

練習

1 例のように直しましょう。

	基本形		~요活用形
例)	날씨가 좋다.	→	날씨가 좋아요.
1) 하늘이 맑다.		⇒	________
2) 기온이 차다.		⇒	________
3) 방 안이 따뜻하다.		⇒	________
4) 공기가 신선하다.		⇒	________

2 例のように活用形に直しましょう。

	基本形		요活用形
例)	춥다.	→	추워요.
1) 밤에는 춥다.		⇒	________
2) 날씨가 덥다.		⇒	________

한국 음식

6 課

韓国の食べ物

ウォーミングアップ（簡単に使える文型） ▶ 6-1

文型	名詞＋를 + 좋아해요.	名詞が好きです。
構成	김치찌개+를 + 좋아해요.	キムチ鍋が好きです。

練習　次の単語を入れて表現してみましょう。

単語

例　새 鳥
1 노래 歌, 2 드라마 ドラマ, 3 김치 キムチ, 4 스포츠 スポーツ, 5 스키 スキー,
6 커피 コーヒー, 7 공부 勉強

1 上の単語を発音のみで、表現してみましょう。

例　새를 좋아해요.　鳥が好きです。

1 ______ +를 좋아해요.
2 ______ +를 좋아해요.
3 ______ +를 좋아해요.
4 ______ +를 좋아해요.
5 ______ +를 좋아해요.
6 ______ +를 좋아해요.
7 ______ +를 좋아해요.

2 今度は、ハングルで書きながら表現してみましょう。

例　새를 좋아해요.　鳥が好きです。

1 .... 歌が好きです。
2 .... ドラマが好きです。
3 .... キムチが好きです。
4 .... スポーツが好きです。
5 .... スキーが好きです。
6 .... コーヒーが好きです。
7 .... 勉強が好きです。

単語 6-V

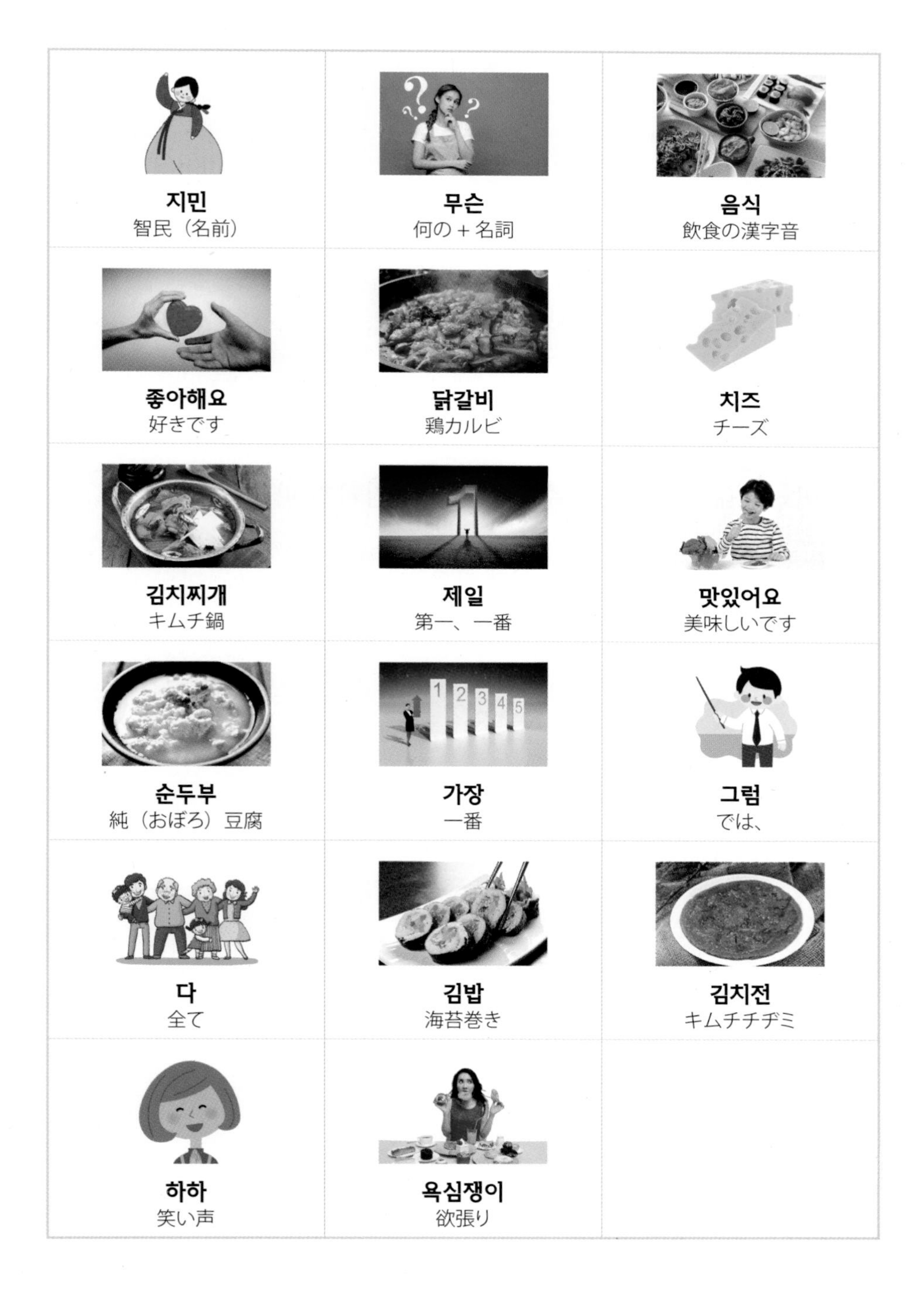

지민
智民（名前）
무슨
何の＋名詞
음식
飲食の漢字音
좋아해요
好きです
닭갈비
鶏カルビ
치즈
チーズ
김치찌개
キムチ鍋
제일
第一、一番
맛있어요
美味しいです
순두부
純（おぼろ）豆腐
가장
一番
그럼
では、
다
全て
김밥
海苔巻き
김치전
キムチチヂミ
하하
笑い声
욕심쟁이
欲張り

本文会話 6-2

지민 : 무슨 음식을 좋아해요?

유이 : 닭갈비를 좋아해요. 치즈 닭갈비요.

지민 : 저는 김치찌개가 제일 맛있어요.

유이 : 저는 순두부가 가장 맛있어요.

지민 : 예? 그럼, 순두부를 제일 좋아해요?

유이 : 아니요. 닭갈비, 순두부, 김밥, 김치전 다 좋아해요.

지민 : 하하, 유이 씨는 욕심쟁이.

本文の表現と文の構成チェック

1 무슨 음식을 좋아해요? （どんな食べ物が好きですか。）

文の構成：

	무슨	음식＋을	좋아해요?
対訳：	どんな	食べ物＋が	好きですか。

「좋아해요」は動詞です。形容詞は「좋아요」です。動詞ですので助詞が日本語と異なり、「〜を」の意味を表す「을」を使います。

- 動詞の活用

基本形	連結語尾	完成形
좋아하다	~해요	좋아해요

★「〜하다」の形ですので、「〜해요」に変わります。

2 닭갈비를 좋아해요. （タッカルビが好きです。）

文の構成：

	닭갈비+ 를	좋아해요.
対訳：	タッカルビ+ が	好きです。

★ 을 / 를（目的助詞）—2 種類があり、前に来る名詞にパッチム（子音）があるか、無いか（母音）によって異なる。

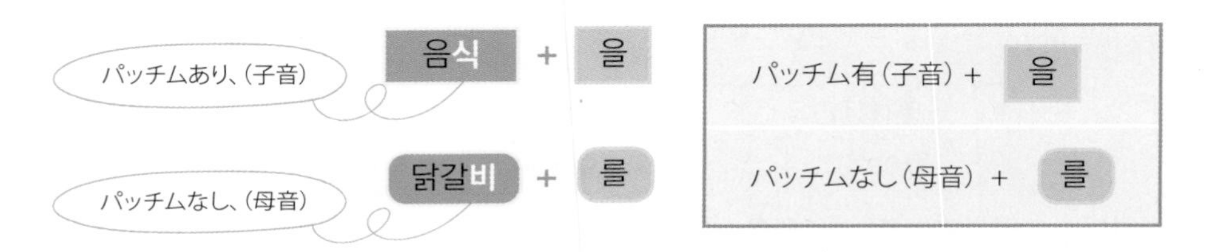

◦ ～母音で終わる名詞「를」/ 子音で終わる名詞「을」：「～を」の意味を表す助詞です。

前の名詞	助詞	完成形
공부 + （パッチムがない、母音で終わる。）	~를 （母音の後は子音「ㄹ」で始まる「를」が結合）	공부를
사전 + （パッチムがある、子音で終わる。）	~을 （子音の後は母音「으」で始まる「을」が結合）	사전을

✲ やってみよう!「～を」の助詞をつけてみよう。

1 시계（時計）

2 선물（膳物、お土産）

確認

1 를
2 을

3 치즈 닭갈비요. （チーズタッカルビです。）

文の構成：

	치즈	닭갈비+ 요.
対訳：	チーズ	タッカルビ＋です。

～요：問いかけに答える場合や、説明を付け加えるときに使います。
（子音で終わる名詞の後は「～이요」を使う場合があります。）

4 저는 김치찌개가 제일 맛있어요. （私はキムチチゲが一番おいしいです。）

文の構成：

	저+는	김치찌개+가	제일	맛있어요.
対訳：	私＋は	キムチチゲ＋が	一番	おいしいです。

基本形	連結語尾	完成形
맛있다	~어요	맛있어요

基本形で다の前の母音が（ㅏ，ㅗ以外）の場合は、「다」をとり、「어요」をつけます。

5 저는 순두부가 가장 맛있어요. （私はスンドゥブが一番おいしいです。）

文の構成：

저＋는	순두부＋가	가장	맛있어요.
私＋は	スンドゥブ＋が	一番	おいしいです。

対訳：私＋は　スンドゥブ＋が　一番　おいしいです。

～가「～が」を表す助詞です。⇒ 5 課（p.89）参照。

6 예? 그럼, 순두부를 제일 좋아해요? （え?じゃあ、スンドゥブが一番好きなんですか。）

文の構成：

예?	그럼,	순두부＋를	제일	좋아해요?
え?	じゃあ、	スンドゥブ＋が	一番	好きなんですか。

対訳：え?　じゃあ、スンドゥブ＋が　一番　好きなんですか。

「해요」体　1）と同じ活用です。

7 아니요. 닭갈비, 순두부, 김밥, 김치전 다 좋아해요.
（ユイ：いいえ。タッカルビ、スンドゥブ、キンパ、チヂミ、全部好きです。）

文の構成：

아니요.	닭갈비,	순두부,	김밥,	김치전	다	좋아해요.
いいえ。	タッカルビ、	スンドゥブ、	キンパ、	チヂミ、	全部	好きです。

対訳：いいえ。タッカルビ、スンドゥブ、キンパ、チヂミ、　全部　好きです。

「해요」体 2）と同じ活用です。

8 하하, 유이 씨는 욕심쟁이. （はは、ユイさんは欲張り(ですね)。）

文の構成：

	하하,	유이 씨+는	욕심쟁이.
対訳：	はは、	ユイさん＋は	欲張り。

「욕심쟁이」の名詞で終わった文です。親しい間で、使う表現です。

発音のコツ

① 음식을　음시글

二音節目の「~식」のパッチム「ㄱ」が次の母音「을」に移って、「글」と発音します。

② 좋아해요　조아해요

一音節目の「좋」パッチム「ㅎ」は、空気性を帯びていますが、母音と結合すると母音に影響を与えることなく、弱くなります。その結果、二音節目に移ることなく、発音されないように聞こえます。パッチム「ㅎ」の特徴がわかりましたか。「ㄱ」のような子音と結合すると激音化し、母音と結合すると弱くなることを、、、。

③ 맛있어요　마시써요

一音節目の「맛」のパッチム「ㅅ」が次の音節に移動し、「시」になります。そして、二音節目のパッチム「ㅆ」は、次の三音節に移ったものは濃音として「써」に変わる現象です。が、意識せずに、発音すれば、自然にそのように発音されます。

④ 욕심쟁이　욕씸쟁이

「욕심」の一音節目のパッチムが二音節目の頭に出る子音の「ㅅ」を強くする現象です。パッチムは、母音の場所には次の音節に移るが、子音の場合には、強くし、濃音化したり、激音化したりします。

応用表現 6-3

지민 : 유이 씨 주말에 뭐 해요?

유이 : 수영장에 가요.

지민 : 그럼, 저녁에 시간 있어요?

유이 : 네, 왜요?

지민 : 그럼, 저와 같이 저녁 식사해요. 무슨 한국 음식을 좋아해요?

유이 : 잡채를 좋아해요. 김밥과 김치전도 맛있어요.

지민 : 그중에서 무엇을 가장 좋아해요?

유이 : 음, 김밥, 순두부찌개, 삼겹살, 닭갈비, 부대찌개…, 다 좋아해요.

지민 : 하하, 그럼, 모두 먹어요.

일본사람이 좋아하는 한국 음식

간장게장, 치즈 닭갈비, 떡볶이. 김밥, 삼겹살, 해물전, 잡채, 부대찌개, 순두부, 빙수, 호떡, 핫도그

応用表現と単語の意味

주말	「週末」のハングル表記
~에	場所を表す助詞、日本語の「~に」に当たる。
~해요	「하다」の丁寧形
수영장	「水泳場」のハングル表記
가요	「가다」の丁寧形
시간	「時間」のハングル表記
있어요	「있다」の丁寧形。「있습니다」より軽い丁寧。普通に使う。
왜	「なぜ」の意
~와 같이	「~と一緒に」の意、助詞「와」と「같이」を一緒に使う。
식사해요	「食事します」の意、「식사하다」の丁寧形
한국 음식	「韓国飲食」のハングル表記
잡채	春雨
그중	「その中」の意
~에서	助詞、日本語の「~で」に当たる。
무엇	「何」、指示代名詞、決まっていない何かを指す。
가장	「一番」の意、固有語
음	感嘆詞、疑問や考える際に使う。
삼겹살	豚肉の三段腹　脂肪のある部位
닭갈비	鶏カルビの料理、「タッカルビ」
부대찌개	「部隊チゲ」のハングル表記、ハムとソーセージ、キムチなどのチャンポン料理。アメリカ駐屯部隊から出たハムなどで作られたので、名称が付いた。
모두	「すべて」の意
먹어요	「食べます」の意、「먹다」の活用形

練習

1 例のように直しましょう。

	基本形		~요活用形
例)	좋아하다.	→	좋아해요.

1) 조심하다. ⇨ ________________

2) 주의하다. ⇨ ________________

3) 공부하다. ⇨ ________________

2 例のように活用形に直しましょう。

	基本形		~요活用形
例)	맛있다.	→	맛있어요.

1) 여유 있다. ⇨ ________________

2) 멋있다. ⇨ ________________

3) 재미있다. ⇨ ________________

3 例のように活用形に直しましょう。

名詞、基本形	副詞+요活用
例) 방탄소년단, (제일) 좋아하다.	→ 방탄소년단을 제일 좋아해요.
例) 닭갈비, (가장) 맛있다.	→ 닭갈비가 가장 맛있어요.

1) 순두부, (가장) 맛있다. ⇨ ______________________

2) 김밥, (가장) 좋아하다. ⇨ ______________________

3) 김치찌개, (제일) 맛있다. ⇨ ______________________

4) 음악, (제일) 좋아하다. ⇨ ______________________

여행

7 課

旅行

ウォーミングアップ（簡単に使える文型） ▶ 7-1

文型	무슨(疑問) + 名詞 + 이에요(예요)?	何の名詞ですか。
構成	무슨 + 일 + 이에요?	何のことですか。

練習　次の単語を入れて表現してみましょう。

単語

例　요리 料理

1 영화 映画, 2 내용 内容, 3 책 本, 4 주스 ジュース, 5 차 車, 6 사진 写真, 7 술 お酒

① 上の単語を発音のみで、表現してみましょう。

例 무슨 요리예요? 何の料理ですか。

1 무슨 + ＿＿예요?
2 무슨 + ＿＿이에요?
3 무슨 + ＿＿이에요?
4 무슨 + ＿＿예요?
5 무슨 + ＿＿예요?
6 무슨 + ＿＿이에요?
7 무슨 + ＿＿이에요?

② 今度は、ハングルで書きながら表現してみましょう。

例 무슨 요리예요? 何の料理ですか。

1 .... 何の映画ですか。
2 .... 何の内容ですか。
3 .... 何の本ですか。
4 .... 何のジュースですか。
5 .... 何の車ですか。
6 .... 何の写真ですか。
7 .... 何のお酒ですか。

単語 7-V

콘서트
コンサート
보러
見に（行く）
케이팝
K－POP
며칠
何日
동안
間
4 일
4日
언제
いつ
5 월
5月
15 일
15日
오빠
お兄さん
누구
誰

本文会話 7-2

유이 : 저, 콘서트 보러 한국에 가요.

지민 : 누구하고 가요?

유이 : 오빠하고 가요.

지민 : 무슨 콘서트예요?

유이 : 케이팝 콘서트예요.

지민 : 며칠 동안 가요?

유이 : 4 일 동안이에요.

지민 : 언제 가요?

유이 : 5 월 15 일에 가요.

本文の表現と文の構成チェック

1 저, 콘서트 보러 한국에 가요. 私、コンサート(を)見に韓国に行きます。

文の構成：

저,	콘서트	보＋러	한국＋에	가요.
私、	コンサート(を)	見＋に	韓国＋に	行きます。

対訳： 私、コンサート(を) 見＋に 韓国＋に 行きます。

・動詞の活用

基本形	連結語尾	完成形（目的）
보다(다の前が母音)	–러(母音につく形)	보러

★ ちょっと待って、活用のチェック

・動詞活用での語尾選択

①「보」（語幹）にパッチムがない、即ち母音。

②「먹」（語幹）にパッチムがある。即ち子音。

基本形	連結語尾	完成形
보다	–러 (母音につく)	보러
먹다	-으러 (子音に付く)	먹으러

✲ **やってみよう！韓国語に訳してみましょう。**

1 買いに (사다)

2 勉強しに (공부하다)

確認

1 사러
2 공부하러

2 누구하고 가요? (誰と行きますか。)

文の構成：

	누구+하고	가+요?
対訳：	誰＋と	行き＋ますか。

「～하고)」は、助詞で、「와 , 과」と同じ意味を持ちます。話し言葉に用いられます。日本語の助詞「～と」の意味を表します。

3 오빠하고 가요. (お兄さんと行きます。)

文の構成：

	오빠+하고	가+요.
対訳：	お兄さん＋と	行き＋ます。

2）と同じ構成で、答えなので疑問符合が要らないです。

가계도
家系図

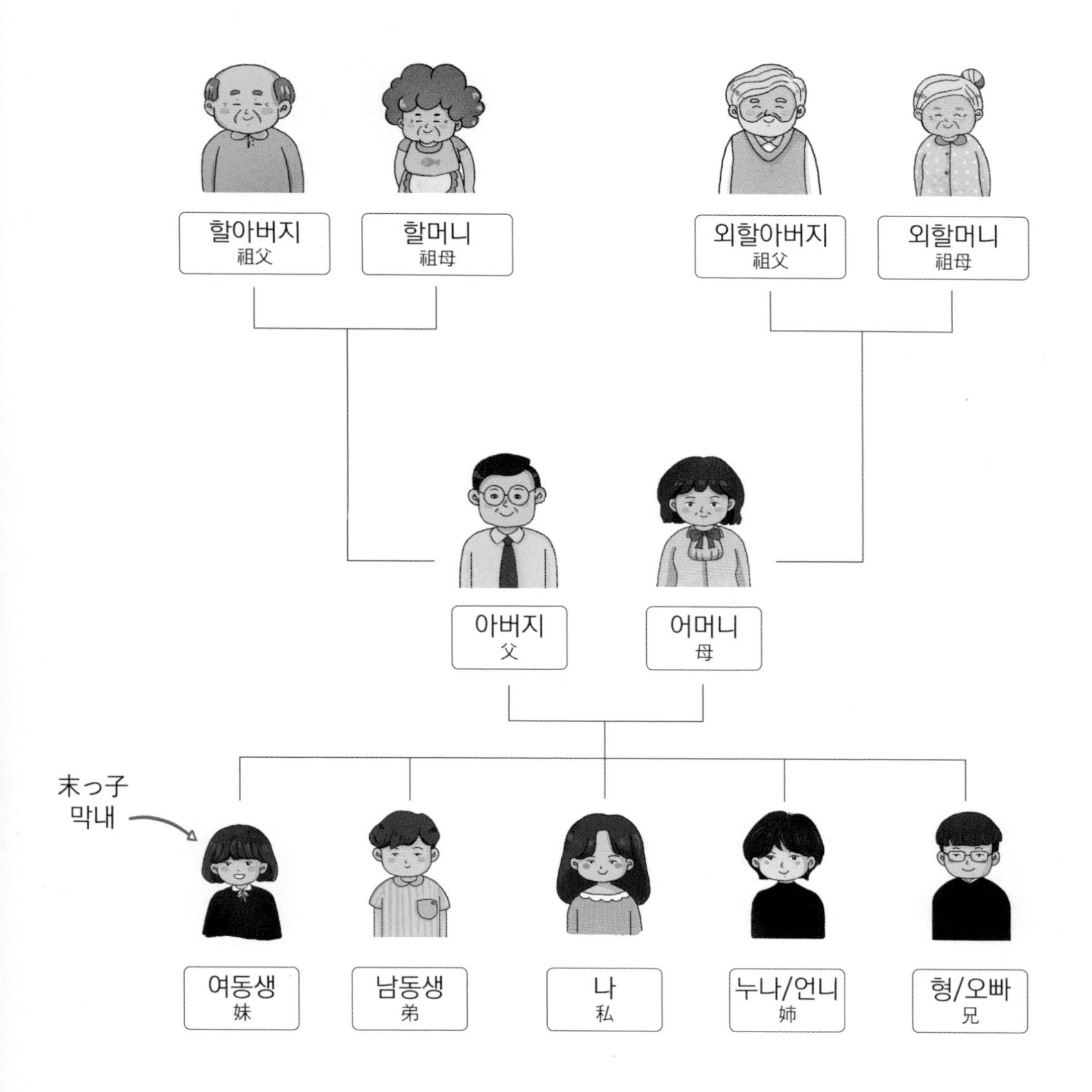

할아버지
祖父
할머니
祖母
외할아버지
祖父
외할머니
祖母
아버지
父
어머니
母
末っ子
막내
여동생
妹
남동생
弟
나
私
누나/언니
姉
형/오빠
兄

4 무슨 콘서트예요? （なんのコンサートですか。）

文の構成：

	무슨	콘서트＋예요?
対訳：	なんの	コンサート＋ですか。

・무슨　＋　名詞

名詞に続けて、「なんの～」 の表現

例）何曜日：무슨 요일

（なんの曜日）

•「이다」の活用

①「-교」パッチムがなく、母音で終わる名詞。

②「-생」パッチムがあり、子音で終わる。

基本形	連結語尾	完成形
학교	+이다 → 예요	학교예요
학생	+이다 → 이에요	학생이에요

5 케이팝 콘서트예요.　Kpop(の)コンサートです。

文の構成：

	케이팝	콘서트+예요.
対訳：	Kpop	コンサートです。

6 며칠 동안 가요?　何日間行きますか。

文の構成：

	며칠	동안	가요?
対訳：	何日	間	行きますか。

「가요 ?」の疑問形は文末を上げます。

7 4 일 동안이에요. 4日間です。

文の構成：

4(사) 일	동안+이에요.
4日	間+です。

対訳：

★ 参考

• 漢数詞

일	이	삼	사	오	육	칠	팔	구	십
십일 [시빌]	십이 [시비]	십삼 [십쌈]	십사 [십싸]	십오 [시보]	십육 [심뉵]	십칠 [십칠]	십팔 [십팔]	십구 [십꾸]	이십 [이십]

一緒に発音すると発音が変わります。

日本語の、1，2，3（いち、に、さん）の数え方です。

8 언제 가요? いつ行きますか。

文の構成：

언제	가요?
いつ	行きますか。

対訳：

9 5 월 15 일에 가요. 5月15日に行きます。

文の構成：

	5 월	15 일에	가요.
対訳：	5月	15日に	行きます。

発音のコツ

① 한국에 　항구게

「**한**」の変化は 1 課でも説明したように、一音節目のパッチム「ㄴ」が二音節目の「~ **국**」の影響を受け、鼻音として発音されます。「**한**」の変化は 1 課でも説明したように、一音節目のパッチム「ㄴ」が二音節目の「~ **국**」の影響を受け、鼻音として発音される現象です。そして、二音節目のパッチム「ㄱ」は、次に母音の場所に移って、「**게**」のように聞こえることです。しかし、「**한·국·에**」と一音節ずつ発音しても文脈によって意味は通じます。単語と助詞を一緒にしゃべると自然にそうなります。

理由は？ 発音しやすいからです。

② 15 일 (십오일) 에 　시보이레

「15 **일 (십오일)**」は漢数字の読み方です。これも他と同じく、一音節目のパッチム「ㅂ」が次の母音に移ることによって、そのように聞こえる現象です。そして、「助詞**에**」は、母音で始まる助詞ですので、3 音節目の「**일**」のパッチム「ㄹ」が移る現象です。

③ 같이 　가치

まず、一音節目の「**같 ~**」のパッチム「ㅌ」が次の音節に移動し、「**티**」のようになります。その後、「**티**」が「**치**」に変わります。口蓋音化という現象で、韓国語の発音は、「**티**」の歯茎音が「**치**」のように口蓋に移って発音される傾向があります。なぜでしょうか。そのように発音した方が発音しやすいからです。

応用表現 7-3

유이 : 저, 다음 주말에 한국에 가요.

지민 : 무슨 일로 가요?

유이 : 친구 만나러 가요.

지민 : 남자 친구요?

유이 : 아니요, 여자 친구예요.

지민 : 그러면, 저도 함께 가요. 몇 시 비행기예요?

유이 : 오후 5(다섯) 시 비행기예요.

지민 : 공항은 어디예요?

유이 : 하네다 공항이에요.

지민 : 그럼, 거기에서 만나요.

応用表現と単語の意味

다음	「次の」「今度」の意
일	形式名詞「こと」の意
~로	助詞、理由、原因を表す
친구	「親旧」のハングル表記、友人、友達の意
만나러	「会いに」の意、「만나다」に目的を表す語尾「러」が結合
남자	「男子」のハングル表記
여자	「女子」のハングル表記
그러면	「そうすると」の意
함께	「一緒に、共に」の意、「같이」の類義語
몇 시	「何時」、疑問詞「몇」と「시」の結合
비행기	「飛行機」のハングル表記
오후	「午後」のハングル表記
5(다섯)시	「五時」の固有語表現
공항	「空港」のハングル表記
어디	「何処」の意
하네다	「羽田」のハングル表記
그럼	「それでは」の意
거기	「そこ」の意、「거」と場所を表す「기」の結合、例：여기, 거기, 저기
~에서	場所を表す助詞。日本語の助詞「～で」に当たる。

練習

1 例のように直しましょう。

	基本形		~요活用形
例)	가다.	→	가요.

1) 자다. ⇒ ____________

2) 오다. ⇒ ____________

3) 보다. ⇒ ____________

4) 하다. ⇒ ____________

2 例のように直しましょう。

	基本形		目的活用形
例)	보다. 가다.	→	보러 가요.

1) 하다. 가다. ⇒ ____________

2) 만나다. 가다. ⇒ ____________

3) 공부하다. 가다. ⇒ ____________

5 ★ 韓国の教育制度

韓国の国民であれば誰でも自身の能力によって初等、中等、高等教育を受けられるように、学校系統、単線形学制が敷かれて、教育の機会均等、教育の質が維持されています。

韓国の学校は小学校６年、中学校３年、高等学校３年、大学校４年（専門大２－３年）で構成される､6 －３－３－４制の学制期間を取ります。また、大学校は２年の修士課程、３年の博士課程を開設しています。

1991 年の地方自治の実施と共に地方教育自体に関する法律が制定され、地域の特性を生かした学校の運営が行われ、中央政府から公示された 教育課程の基準と内容を基礎として、市、都教育庁及び学校は地域と学校の実情にあわせた細部指針と単位学校別教育課程を決めることができます。

韓国の教育熱は高く、大学入試の過酷さは有名で、大学校に入学しても図書館はいつも満員になっています。

입국 심사

8 課

入国審査

ウォーミングアップ（簡単に使える文型） 8-1

文型	名詞 + 주세요.	名詞ください。
構成	여권 + 주세요.	旅券ください。

練習 次の単語を入れて表現してみましょう。

単語

例 김치찌개 料理
1 소주 焼酎，2 막걸리 マッコリ，3 와인 ワイン，4 주스 ジュース，5 커피 コーヒー，
6 표 票、チケット，7 계산서 計算書

1 上の単語を発音のみで、表現してみましょう。

例 김치찌개 + 주세요. キムチチゲください。

1 ______ + 주세요.
2 ______ + 주세요.
3 ______ + 주세요.
4 ______ + 주세요.
5 ______ + 주세요.
6 ______ + 주세요.
7 ______ + 주세요.

2 今度は、ハングルで書きながら表現してみましょう。

例 김치찌개 주세요. キムチチゲください。

1 .... 焼酎ください。
2 .... マッコリください。
3 .... ワインください。
4 .... ジュースください。
5 .... コーヒーください。
6 .... チケットください。
7 .... 計算書ください。

単語 ▶ 8-V

도착
到着
입국심사
入国審査
짐
荷物
찾는 곳
取る場
일본 사람
日本人
어디로
何処に
가면
行けば
돼요
なります
안내
案内
외국인
外国人
포리너
フォリナー
저쪽
あそこ
심사관
審査官
여권
旅券
목적
目的
관광
観光
머무르다
泊まる
예정
予定
협조
協調
감사드립니다
有難うございます
여기
ここ
있습니다
あります

本文会話

8-2

도착 . 입국심사 . 짐 찾는 곳

유이 : 일본 사람은 어디로 가면 돼요?

안내 : 외국인, 포리너(foreigner)는 저쪽입니다.

입국 심사관 : 여권 주세요. 입국 목적이 무엇입니까?

유이 : 관광입니다.

입국 심사관 : 며칠 동안입니까?

유이 : 오(5)일간 머무를 예정입니다.

입국 심사관 : 협조에 감사드립니다. 여권 여기 있습니다.

本文の表現と文の構成チェック

1 일본 사람은 어디로 가면 돼요? （日本人はどこに行けばいいですか。）

文の構成：

일본 사람+은	어디+로	가+면	돼요?
対訳：日本人＋は	どこ＋に	行け＋ば	いいですか。

• 仮定を表す「- 면 /- 으면」

語幹「가」にパッチムがなく、母音で終わる名詞。

語幹の「먹」にパッチムがあり、子音で終わる。

基本形	連結語尾	完成形
가다	ー면(母音につく形)	가면
먹다	ー으면(子音に付く形)	먹으면
「〜すれば、〜したら」という意味で、仮定の表現になります。		

2 외국인, 포리너(foreigner)는 저쪽입니다. （外国人、フォリナーはあちらです。）

文の構成：

외국인,	포리너(foreigner) +는	저쪽 + 입니다.
対訳： 外国人、	フォリナー＋は	あちら+ です。

「저쪽」は、指示詞「저」に方向を表す「쪽」の結合です。

3 여권 주세요. 입국 목적이 무엇입니까?
（パスポート (を出して) ください。入国目的は何ですか。）

文の構成：

여권	주세요.	입국 목적+이	무엇+입니까?
対訳：パスポート	ください。	入国　目的＋は	何ですか。

名詞＋주세요 .「名詞 + ください」の意味を表します。

4 관광입니다. （観光です。）

文の構成：

	관광+입니다.
対訳：	観光＋です。

5 며칠 동안입니까? （何日間ですか。）

文の構成：

	며	칠	동안+입니까?
対訳：	何	日	間＋ですか。

며칠. 何日の意味

6 오(5)일간 머무를 예정 + 입니다. (5日間泊まる予定です。)

文の構成：

오(5) + 일간	머무를	예정 + 입니다.
5＋日間	泊まる	予定＋です。

対訳：5＋日間　泊まる　予定＋です。

• 連体修飾「ㄹ / 을」＋名詞

語幹「가」にパッチムがなく、母音で終わる名詞。

語幹の「먹」にパッチムがあり、子音で終わる。

基本形	連結語尾	修飾形	名詞
가다	－ㄹ(母音につく形)+	갈	예정
먹다	－을(子音に付く形)+	먹을	
用言の語幹について、推測、意志、予定を表します。			

✲ **やってみよう！「～予定」の言い方を作ってみましょう。**

1 유학 가다 (留学に行く)

2 안내하다 (案内する)

確認

1 유학 갈 예정
2 안내할 예정

7 협조에 감사드립니다. （ご協力ありがとうございます。）

文の構成：

	협조+에	감사드립니다.
対訳：	ご協力	ありがとうございます。

「～에」、「～に」を表す助詞です。

「드리다」、「～差し上げる」の意味を表す謙譲語

8 여권 여기 있습니다. （パスポート（は）こちらです。）

文の構成：

	여권	여기	있습니다.
対訳：	パスポート	ここ（に）	あります。

- 丁寧形「ㅂ니다 / 습니다」の活用

語幹「가」にパッチムがなく、母音で終わる名詞。

語幹の「먹」にパッチムがあり、子音で終わる。

基本形	連結語尾	完成形
가다	－ㅂ니다(母音につく形) －습니다(子音に付く)	갑니다
먹다		먹습니다
「요」形より丁寧で、事務的な表現。		

発音のコツ

1 외국인 → 외구긴

二音節目の「~ 국」のパッチム「ㄱ」が三音節目の母音に移る現象です。

2 저쪽입니다 → 저쪼깁니다

二音節目の「~ 쪽」のパッチム「ㄱ」が三音節目の母音に移る現象です。

3 여권 → 여꿘

「**여권**」は、漢字語の「旅券」の韓国語音です。二音節目「~ **권**」は、前の「**여**」にはパッチムがないのに、勝手に強く発音されています。このような現象は、漢字語にしばしば起こります。その背景としては、漢字の音に対する誤解があるようです。つまり、一音節に現れる漢字の「**여**」の漢字音にパッチムがあるのではないかという誤解で、次の音節を強く発音したのではないのかという、、、。そのような傾向が漢字語に多く現れます。

例）**요점**（要点）→「**요쩜**」

4 입국, 목적, 협조 → 입꾹, 목쩍, 협쪼

「**입** ~, **목** ~, **협** ~」の一音節目のパッチムが二音節目の子音に影響を与え、強く発音されるからです。韓国語のパッチムの特徴です。

5 무엇입니까 → 무어심니까

「**이것은**」の変化と同じく二音節目の「**엇**」のパッチム「~ ㅅ」が次の母音に移り、連音化する現象です。「**심**」は、鼻音化現象です。

6 있습니다 → 읻씀니다

「**있어요→이써요**」の変化と似ています。「**있어** ~」の一音節目の「**있**」のパッチム「ㅆ」に母音「**어**」と続くと、子音（パッチム）は、母音と結合するように聞こえます。しかし、「**있습** ~」の二音節目には、子音があります。なので、一音節目の前のパッチムは、「ㄷ」になり、二音節目の子音は、前の子音の影響を受け、強くなり「**읻씀** ~」に発音されるのです。「ㅅ」はパッチムで発音される際には、「ㄷ」として発音されます。「~ **습**」は、鼻音化現象です。

応用表現 8-3

유이 : 일본 사람인데, 어디로 가면 돼요?

안내 : 외국인, 포리너(foreigner)는 저쪽으로 가면 됩니다.

입국 심사관 : 입국 목적이 뭐죠?

유이 : 관광입니다.

입국 심사관 : 며칠 동안 머뭅니까?

유이 : 오(5)일간 있을 예정입니다.

입국 심사관 : 언제부터 언제까지죠?

유이 : 5 월 29 일에서 6 월 2 일까지예요.

입국 심사관 : 숙소와 연락처가 어떻게 되죠?

유이 : 숙소는 한일 호텔이고, 전화번호는 02(공이)-951(구오일)-6478(육사칠팔) 입니다.

입국 심사관 : 좋은 여행이 되길 바랍니다.

応用表現と単語の意味

일본 사람	「日本人、日本の人」のハングル表記
~인데	「～であるが」の意。「~ 이다」の活用形
됩니다	「~ なります」の意、「 되다」の活用形
뭐죠	「何ですか」の意、疑問を表す、「 뭐지요」の縮約形
머뭅니까	「泊まりますか」の意、「 머물다」の活用形
있을	「いる」の意、予定を表す「 있다」の活用形
언제	「いつ」の意
~부터	「から」の意、出発を表す助詞
~까지	「まで」の意、到着を表す助詞、「– 부터 – 까지」で用いられる。
숙소	「宿所」のハングル表記
연락처	「連絡処」のハングル表記
어떻게	「どう」の意で、方法、手段を表す。
~되죠	「なります」の意、「 되다」の活用形「 되지요」の縮約形
한일 호텔	「韓日ホテル」の意
~이고	「であり」の意、「 이다」の語幹に羅列を表す助詞「 고」が結合
전화번호	「電話番号」のハングル表記
02(공이)- 951(구오일)- 6478(육사칠팔)	電話番号の読み方「0(공)」を「 영」と読むこともできる。
좋은	「良い」の意で、「 좋다」の活用形
여행	「旅行」のハングル表記
되길	「なるように」の意で、「 되다」の名詞形「 되기」に助詞「 를」が結合した縮約形
바랍니다	「願います」の意で、「 바라다」の活用形

練習

1 例のように直しましょう。

	基本形、名詞		修飾形+名詞
例)	찾다. 곳	→	찾는 곳

1) 자다. 집 ⇨ ______
2) 먹다. 식당 ⇨ ______
3) 보다. 곳 ⇨ ______
4) 공부하다. 장소 ⇨ ______

2 例のように活用形に直しましょう。

	基本形		条件活用形
例)	(어디로) 가다. 되다.	→	어디로 가면 돼요?

1) (어디에서) 하다. 되다. ⇨ ______
2) (어디로) 가다. 좋다. ⇨ ______
3) (어디에서) 공부하다. 되다. ⇨ ______
4) (어디에서) 타다. 되다. ⇨ ______

3 例のように活用形に直しましょう。

	基本形、名詞		修飾形＋名詞
例)	머무르다. 예정	→	머무를 예정입니다.

1) 가다. 예정 ⇨ ____________________

2) 만나다. 약속 ⇨ ____________________

3) 사다. 생각 ⇨ ____________________

4) 하다. 예정 ⇨ ____________________

휴대폰

9 課

携帯フォン

ウォーミングアップ（簡単に使える文型）

9-1

文型	場所 + 에(助詞) + 가고 싶어요.	場所に行きたいです。
構成	한국 + 에 + 가고 싶어요.	韓国に行きたいです。

練習　次の単語を入れて表現してみましょう。

単語

例　**미국** アメリカ（美国）

1 **고향** 故郷, 2 **서울** ソウル, 3 **중국** 中国, 4 **영국** イギリス（英国）, 5 **독일** ドイツ（独逸）,
6 **신주쿠** 新宿, 7 **도서관** 図書館

1 上の単語を発音のみで、表現してみましょう。

例　**미국 + 에 가고 싶어요.** アメリカ（美国）に行きたいです。

1 ______ + 에 가고 싶어요.
2 ______ + 에 가고 싶어요.
3 ______ + 에 가고 싶어요.
4 ______ + 에 가고 싶어요.
5 ______ + 에 가고 싶어요.
6 ______ + 에 가고 싶어요.
7 ______ + 에 가고 싶어요.

2 今度は、ハングルで書きながら表現してみましょう。

例　**미국에 가고 싶어요.** アメリカ（美国）に行きたいです。

1 .... 故郷に行きたいです。
2 .... ソウルに行きたいです。
3 .... 中国に行きたいです。
4 .... イギリスに行きたいです。
5 .... ドイツに行きたいです。
6 .... 新宿に行きたいです。
7 .... 図書館に行きたいです。

単語 9-V

스마트폰 スマートフォン	심(SIM) 카드 シムカード	사고 싶어요 買いたいです
사(4) 기가 4 ギガ	팔(8) 기가 8 ギガ	두 二つの
종류 種類	주세요 ください	얼마예요 いくらですか
파이브(5)지 5G	엘티이 (LTE) エルティーイー	하루 一日
오천원 五千ウォン	그거 それ	하나 一つ
있습니다 あります		

本文会話 9-2

유이 : 스마트폰 심(SIM) 카드 사고 싶어요.

점원 : 사(4) 기가와 팔(8) 기가 두 종류가 있습니다.

유이 : 팔(8) 기가 주세요. 얼마예요?

점원 : 파이브(5) 지(G), 엘티이(LTE)가 하루에 오천원입니다.

유이 : 그거 하나 주세요.

점원 : 여기 있습니다.

本文の表現と文の構成チェック

1 스마트폰 심(SIM) 카드 사고 싶어요. （スマートフォンの SIM(を) 買いたいです。）

文の構成：

스마트폰	심(SIM) 카드	사고 싶어요.
スマートフォン	SIM カード(を)	買いたいです。

対訳： スマートフォン　SIM カード(を)　買いたいです。

「~ 고 싶어요」希望、願望を表す。「～したいです」の意味を表す。

- 希望、願望の形容詞「~ 고 싶어요」

基本形	願望形容詞(補助)	完成形
사다	－고 싶어요	사고 싶어요
먹다		먹고 싶어요

語幹の子音、母音関係ない。

✻ やってみよう!

1 行きたいです。(行く : 가다)

2 写真を撮りたいです。(撮る : 찍다)

確認

1 가고 싶어요
2 사진을 찍고 싶어요

2 사(4) 기가와 팔(8) 기가 두 종류가 있습니다.

（４ギガと８ギガ２種類があります。）

文の構成：

	사(4) 기가+와	팔(8) 기가	두	종류+가	있습니다.
対訳：	４ギガ＋と	８ギガ	2	種類＋が	あります。

「두（２）」+「종류（種類）」は、数詞の名詞修飾形です。下を参照。

9-N

- 固有数詞（一つ、二つ等）

하나	둘	셋	넷	다섯	여섯	일곱	여덟	아홉	열
一つ	二つ	三つ	四つ	五つ	六つ	七つ	八つ	九つ	十
열하나	열둘	열셋	열넷	열다섯	열여섯	열일곱	열여덟	열아홉	스물

서른	마흔	쉰	예순	일흔	여든	아흔

- 数詞の名詞修飾形

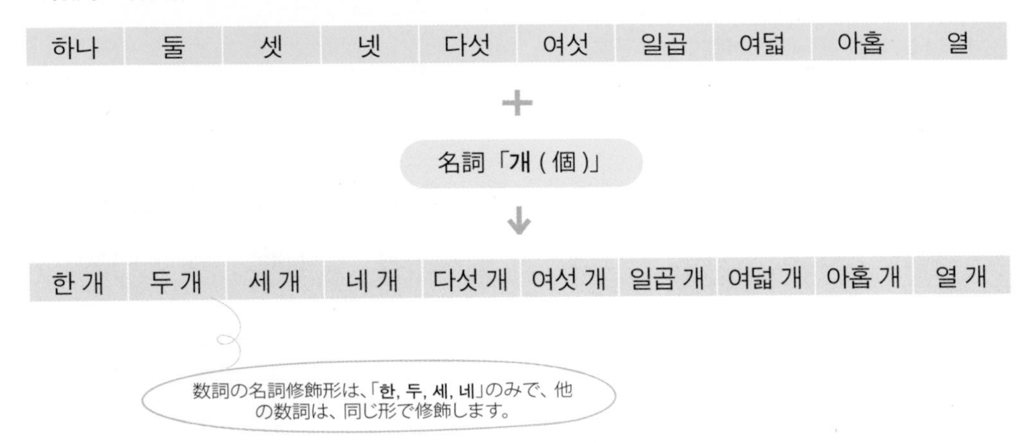

3 팔(8) 기가 주세요. 얼마예요? （8ギガください。いくらですか。）

文の構成：

	팔(8) 기가	주세요.	얼마＋예요?
対訳：	8ギガ	ください。	いくら＋ですか。

「얼마＋예요？」、「얼마（いくら）」に丁寧の「～예요」が付いた形。

4 파이브(5) 지(G), 엘티이(LTE)가 하루에 오천원입니다.

5G、LTE が一日 5000 ウォンです。

文の構成：

파이브(5) 지(G),	엘티이(LTE) +가	하루+에	오천	원+입니다.
対訳：5G、	LTE が	一日	5000	ウォン+です。

「~ 입니다」は、丁寧表現、かしこまった意を持つ。男性従業員が客に対し多く使う傾向があります。

5 그거 하나 주세요. (それ一つください。)

文の構成：

	그거	하나	주세요.
対訳：	それ	一つ	ください。

「그거」は、指示詞に物を表す代名詞「거」が結合。「거」は「것」のパッチムが脱落した形です。会話体によく使われます。

6 여기 있습니다. (ここ(に)あります。)

文の構成：

	여기	있습니다.
対訳：	ここ(に)	あります。

★ 参考

- 位置名詞

앞(前)	뒤(後ろ)	옆(横)	위(上)	아래 (下)
밑(下)	안(内)	밖(外)	오른쪽(右側)	왼쪽(左側)

発音のコツ

一音節目の「**싶**」パッチムの「ㅍ」が二音節目の母音に移る現象です。

2 종류 종뉴

一音節目のパッチムの「ㅇ」が鼻音性が強いので、二音節目の「ㄹ」に鼻音の影響を与え、鼻音を帯びている「ㄴ」に変わる現象です。理由は、両方とも鼻音性を入れて発音した方が発音しやすいからです。

3 오천원 오처눤

二音節目の「**천**」が二音節目の母音に移る現象です。パッチムと次に来る母音の関係をよく理解してください。

応用表現 9-3

유이 : 스마트폰에 심(SIM) 카드를 넣고 싶어요.

점원 : 사(4) 기가와 팔(8) 기가 중 어떤 걸 원하세요?

유이 : 가격은 어떻게 돼요?

점원 : 파이브(5) 지(G)가 하루에 오천원입니다.

유이 : 어떤 통신회사가 있어요?

점원 : 에스케이(SK), 케이티(KT), 엘지(LG)가 있습니다.

유이 : 차이가 있어요?

점원 : 거의 비슷합니다.

유이 : 아무거나 한 개 주세요.

점원 : 여기 있습니다. 이 심(SIM) 카드를 휴대폰에 넣으세요.

유이 : 잘 모르니까, 직접 해 주세요.

점원 : 네. 잠깐만요. 자, 연결됐습니다.

応用表現と単語の意味

넣고 싶어요	「入れたい」の意、「넣다」にの希望を表す「싶다」が結合した表現。
중	「中」のハングル表記
어떤	「どんな」の意で、名詞を修飾する。例：어떤 책
걸	形式名詞「것」の口語表現「거」に助詞「를」が結合した縮約形」
원하세요	「願います」の意で、「원하다」の活用形
가격	漢字語「価格」のハングル表記
어떻게	「どのように」の意、「어떻다」の活用形
돼요	「なる」の意、「되다」の語幹「되」に「어요」が付き、「되어요」の縮約形
어떤	「どんな」の意、名詞を修飾する。
통신회사	「通信会社」のハングル表記
에스케이	(SK)「NHK」のようなローマ字イニシャルの表記
케이티(KT)	케이티 (KT) 通信会社の社名のイニシャルの表記
엘지	(LG) 上の表記と同じ
차이	漢字語「差異」のハングル表記
거의	「ほとんど」の意
비슷합니다	「似ている」の意、「비슷하다」の丁寧活用形
아무거나	「何でも」の意
한 개	「一個」の意、固有数詞「1」の修飾形、「一(いち)」と「個」のハングル表記
휴대폰	「携帯フォン」のハングル表記
넣으세요	「入れてください」の意、「넣다」の活用形
잘	「良く」の意、副詞
모르니까	「わからないので」の意、「모르다」の活用形
직접	「直接」のハングル表記
해 주세요	「してください」の意、「하다」と「주세요」の結合
잠깐	「ちょっと」の意、「만요」と一緒に用いられる。
자	「では」の意
연결됐습니다	「連結されました」の意、「연결되다」の活用形

練習

1 例のように直しましょう。

	基本形		連結活用形
例)	사다. 싶다.	→	사고 싶어요.

1) 자다. 싶다 ⇨ ____________
2) 가다. 싶다 ⇨ ____________
3) 가보다. 싶다 ⇨ ____________
4) 여행하다. 싶다 ⇨ ____________

2 例のように活用形に直しましょう。

	基本形		条件活用形
例)	(하나) 주다.	→	한 개 주세요.

1) (둘) 주다. ⇨ ____________
2) (셋) 주다. ⇨ ____________
3) (넷) 주다. ⇨ ____________
4) (다섯) 주다. ⇨ ____________

카카오톡

10 課

カカオトーク

ウォーミングアップ（簡単に使える文型） ▶ 10-1

文型	道具 + 으로(助詞) + 연락할게요.	~で連絡します。
構成	라인 + 으로 + 연락할게요.	ラインで連絡します。

練習　次の単語を入れて表現してみましょう。

単語

例　**편지** 手紙 + **로** 母音の後ろでは、+(으) は脱落

1 **라인** ライン , 2 **카톡** カカオトーク , 3 **인스타그램** インスタグラム , 4 **전화** 電話 ,
5 **휴대폰** 携帯フォン , 6 **페이스북** Facebook、7 **인편** 人便（人伝て）

1 上の単語を発音のみで、表現してみましょう。

例 **편지 + 로 연락할게요.** 手紙で連絡します。

1 ______ + 으로 연락할게요.
2 ______ + 으로 연락할게요.
3 ______ + 으로 연락할게요.
4 ______ + 로 연락할게요.
5 ______ + 으로 연락할게요.
6 ______ + 으로 연락할게요.
7 ______ + 으로 연락할게요.

2 今度は、ハングルで書きながら表現してみましょう。

例 **메일로 연락할게요.** メールで連絡します。

1 .... ラインで連絡します。
2 .... カカオトークで連絡します。
3 .... インスタグラムで連絡します。
4 .... 電話で連絡します。
5 .... 携帯フォンで連絡します。
6 .... Facebook で連絡します。
7 .... 人便（人伝て）で連絡します。

単語 10-V

늦어서
遅れて
미안해요
すみません
괜찮아요
大丈夫です
그리고
그리고
そして
talk
라인
ライン
아이디 (ID)
ID
좀
좀
ちょっと
알려 주세요
お知らせください
샀어요
買いました
앞으로
앞으로
これから
SNS
BLOG
에스엔에스 (SNS)
SNS
연락할게요
連絡しますね
ABC
알파벳
アルファベット
G / I
지 (G), 아이 (I)
G, I
추가하다
追加する

本文会話 ▶ 10-2

지민 : 늦어서 미안해요.

유이 : 괜찮아요. 그리고 지민 씨 라인 아이디(ID) 좀 알려 주세요.

지민 : 제 라인 아이디요?

유이 : 네, 유심(USIM)을 샀어요. 앞으로 에스엔에스(SNS)로 연락할 게요.

지민 : 아, 네. 알파벳으로, 지(G), 아이(I), 엠(M), 아이(I), 엔(N), 다음에 숫자로 일, 이, 삼이에요.

유이 : 잠깐만요. 지, 아이, 엠, 아이, 엔, 일, 이, 삼. 오케이. 추가했어요.

本文の表現と文の構成チェック

1 늦어서 미안해요. （遅れてすみません。）

文の構成：

	늦어서	미안해요.
対訳：	遅れて	すみません。

• 理由、原因の「－（아）서／－어서」

語幹が陽性母音

語幹が陰性母音

基本形	連結語尾	活用形
좋다	－아서(ㅏ,ㅑ,ㅗ,ㅛの陽性母音につく) －어서(ㅓ,ㅕ,ㅜ,ㅠ,ㅡ,ㅣ等、上記以外の母音に付く)	좋아서
늦다		늦어서
싸다	－아서	싸서

「ㅏ(陽性母音)」であるが、「ㅏ」が重なるので、省略する。

母音調和
★陽性母音？（ㅏ，ㅑ，ㅗ，ㅛ）－明るい感じ
★陰性母音？（ㅓ，ㅕ，ㅜ，ㅠ等上記以外の母音）—暗い感じ

✲ やってみよう！

1（値段が）高いので（高い：비싸다）

2 おいしいので（美味しい：맛있다）

確認
1 비싸서
2 맛있어서

2 괜찮아요. （大丈夫です。）
그리고 지민 씨 라인 아이디 (ID) 좀 알려 주세요.
（そして ジミンさん、ラインの ID（を）ちょっとお知らせください。）

文の構成：

괜찮아요.	그리고	지민 씨	라인	아이디(ID)	좀	알려 주세요.
対訳：大丈夫です。	そして	ジミンさん、	ライン（の）	ID	ちょっと	お知らせください。

「～아 / 어 주세요」、下の説明参照。

- 補助動詞の「～아 / 어　주세요」

語幹が陽性母音

語幹が陰性母音

基本形	補助動詞	活用形
가다	–아 주다 –어 주다	가(아) 주다
알리다		알리어 주다 알려 주다
～てくださいの意味を表す。		

「알리어」が「알려」に縮約する。

✼ やってみよう!

1 待ってください。（待つ：기다리다）

確認

1 기다려 주세요

3 제 라인 아이디요? （私のライン ID ですか。）

文の構成：

	제	라인	아이디	요?
対訳：	私の	ライン	ID	ですか。

「제」は「저의」の縮約形です。

4 네, 유심(USIM)을 샀어요. （はい、USIM を買いました。）
앞으로 에스엔에스(SNS)로 연락할게요. （これから SNS で連絡しますね。）

文の構成：

	네,	유심＋을	샀어요.
対訳：	はい、	USIM ＋を	買いました。

	앞으로,	에스엔에스(SNS) ＋로	연락＋할게요.
対訳：	これから	SNS ＋で	連絡＋しますね。

「샀어요」は、過去形、下の説明を参照。

• 動詞の過去形「～았 / 었어요」

語幹が陽性母音

語幹が陰性母音

基本形	連結語尾	活用形
사다	ー았어요 ー었어요	사았어요 샀어요
먹다		먹었어요
하다	ー였어요	했어요

「하였어요」が、縮約して「했어요」に変化。

✲ やってみよう! 過去形に変えてみましょう。

1 가요.

2 만나요.

確認

1 갔어요
2 만났어요

• 意志、予定の「ーㄹ게요 / 을게요」

語幹が「母音」で終わる場合

語幹が「子音(パッチム)で終わる」場合

基本形	連結語尾	活用形
사다	ーㄹ게요 ー을게요	살게요
먹다		먹을게요

5 아, 네. 알파벳으로, 지 (G), 아이 (I), 엠 (M), 아이 (I), 엔 (N), 다음에 숫자로 일, 이, 삼이에요.

あ、はい。アルファベットで G,I,M,I,N, 次は数字で 1,2,3 です。

文の構成：

	아,	네.	알파벳＋으로,	지, 아이, 엠, 아이, 엔,
対訳：	あ、	はい。	アルファベット＋で	G, I, M, I, N,

	다음＋에	숫자＋로	일, 이, 삼＋이에요.
対訳：	次＋は	数字＋で	1 ,2, 3 ＋です。

★ 参考

• アルファベットの読み方

A	B	C	D	E	F	G	H	I	J	K	L	M
에이	비	시	디	이	에프	지	에이치	아이	제이	케이	엘	엠

N	O	P	Q	R	S	T	U	V	W	X	Y	Z
엔	오	피	큐	아르	에스	티	유	브이	더블유	엑스	와이	제트

6 잠깐만요. 지, 아이, 엠, 아이, 엔, 일, 이, 삼. 오케이. 추가했어요.

(ちょっと待ってください . G,I,M,I,N, 1,2,3, OK。 追加しました。)

文の構成：

잠깐만요.	지, 아이, 엠, 아이, 엔, 일, 이, 삼.	오케이.	추가했어요.
対訳：ちょっと待ってください。	G, I, M, I, N, 1, 2, 3,	OK。	追加しました。

「추가했어요」は、「추가하다」の過去（完了）形

発音のコツ

1 늦어서 → 느저서

一音節目の「늦」パッチムの「ㅈ」が二音節目の母音に移る現象です。

2 미안해요 → 미아내요

二音節目のパッチムの「ㄴ」が、二音節目の「해」に移動し、「ㅎ」音が弱くなり、「ㄴ」に発音される現象です。

3 괜찮아요 → 괜차나요

二音節目の「찮」のパッチムは「ㄶ」のように二つですが、一つ「ㄴ」のみ発音されます。その発音が二音節目の母音に移る現象です。

4 샀어요 → 사써요

一音節目のパッチム「ㅆ」が二音節目の母音「어」に移る現象です。

5 앞으로 → 아프로

他のパッチムと同じく、一音節目のパッチムが二音節目の母音に移る現象です。

6 연락할게요 → 열라칼께요

「연락할게요」の変化は二つあります。まず「연락」が「열락」に変わる現象ですが、一音節目のパッチム「ㄴ」と二音節目の最初の子音「ㄹ」が会うと「ㄹ, ㄹ」の続きに変わります。理由は同じ音として発音した方が発音しやすいからです。「ㄹ, ㄴ」のような逆のパターンも「ㄹ, ㄹ」として発音されます。そして、「~라칼께」は、二音節目のパッチム「ㄱ」と「ㅎ」の子音は空気性を持っているので、一緒になると「ㅋ」のように激音化します。「께」は、三音節目のパッチム「ㄹ」が次の「ㄱ」に影響を与え、強く発音される現象です。

7 알파벳으로 — 알파베스로

三音節目の「~ 벳」のパッチムが次の母音「으」に移る現象です。

8 다음에 — 다으메

二音節目の「~ 음」のパッチム「ㅁ」が次の母音「에」に移る現象です。

9 일 , 이 , 삼 — 일리삼

「이」が、「일」と一緒に発音されると「리」に変わる現象ですが、その理由は、「일」のパッチム「ㄹ」が二音節目に現れる「이」に影響を与え、同じ子音「ㄹ , ㄹ」に発音した方が発音しやすいからです。これは、数字を早口で一緒に発音する際のみで 、一つ一つ切って読むと「일 , 이 , 삼」と発音されます。

10 잠깐만요 — 잠깐마뇨

三音節目の「~ 만」のパッチムが次の母音「~ 요」に移る現象です。

11 됐어요 — 돼써요

「4」の「사써요」と同じく、一音節目の「됐」のパッチム「ㅆ」が次の母音「어」に移る現象です。

応用表現 10-3

지민：많이 기다렸죠?

유이：아니에요.

지민：늦어서 미안해요.

유이：괜찮아요. 그런데 왜 늦었어요?

지민：차가 많이 밀렸어요. 그리고 오면서 휴대폰으로 전화했는데, 전화가 안됐어요.

유이：아, 미안해요. 유심(USIM)을 바꿔서 그런가 봐요. 한국에서는 에스엔에스(SNS)로 연락하는 게 편할 것 같아요.

지민：그럼, 카카오톡으로 연락해요. 일본에서는 라인을 많이 쓰고, 한국에서는 카톡, 즉 카카오톡을 많이 써요.

応用表現と単語の意味

많이	「多く」の意、「많다」の活用形、「長く」の意味で使われることもある。
기다렸죠	「待ちましたね」の意、「기다리다」の活用形
아니에요	「いいえ」の意、否定の表現「아니」に語尾「에요」が結合した形
늦어서	「遅いので」の意、「늦다」に理由、原因を表す「어서」が結合
그런데	「ところで」の意
왜	「なぜ」の意
늦었어요	「遅くなりました」の意、「늦다」の活用形。文末を上げると疑問形になる。
차	「車」のハングル表記
밀렸어요	「混んでいました」の意、「밀리다」の活用形
오면서	「来ながら」の意、「오다」に、同時を表す「면서」が結合
~으로	道具を表す助詞「~で」の意[道具+으로, 로(助詞)、パッチムがある場合は、「라인+으로」、パッチムがない場合には、「전화+로」]
전화했는데	「電話しましたが」の意、「전화하다」の活用形
전화	「電話」のハングル表記
안됐어요	「되다」の否定形
미안해요	「すみません」の意、「미안하다」の活用形
바꿔서	「変えたので」の意、「바뀌다」の活用形
그런가 봐요	「そうみたいです」の意「그런가」に「봐요」が結合した形
연락하는 게	「連絡することが」の意、「연락하다」の活用形「연락하는」に形式名詞「거」と「이」が結合し、その後、縮約した形
편할 것	「楽なこと」の意、「편하다」の活用形「편할」に形式名詞「것」が結合
같아요	「のようです」の意、「같다」の活用形
카카오톡	「カカオトーク」のハングル表記
해요	「します」の意、「하다」の活用形
쓰고	「使い」の意、「쓰다」の活用形
써요	「使います」の意、「쓰다」に語尾「어요」が付き、「쓰어요」が「써요」に修飾した形

練習

1 例のように直しましょう。

	基本形		理由連結
例)	늦다. 미안하다.	→	늦어서 미안해요.

1) 늦잠 자다. 미안하다. ⇨ ＿＿＿＿＿＿＿＿
2) 바쁘다. 시간이 없다. ⇨ ＿＿＿＿＿＿＿＿
3) 시간이 없다. 못 오다. ⇨ ＿＿＿＿＿＿＿＿

2 例のように活用形に直しましょう。

	基本形		勧誘連結活用
例)	알리다. 주다.	→	알려 주세요.

1) 사다. / 주다. ⇨ ＿＿＿＿＿＿＿＿
2) 보다. / 주다. ⇨ ＿＿＿＿＿＿＿＿
3) 오다. / 주다. ⇨ ＿＿＿＿＿＿＿＿
4) 조용히 하다. / 주다. ⇨ ＿＿＿＿＿＿＿＿

3 例のように活用形に直しましょう。

	基本形		過去活用
例)	선물을 사다.	→	선물을 샀어요.

1) 지난주에 한국에 갔다오다. ⇨ ＿＿＿＿＿＿＿＿
2) 어제 친구를 만나다. ⇨ ＿＿＿＿＿＿＿＿

3) 조금 전에 밥을 먹다. ⇨ ________________

4) 예정보다 빨리 오다. ⇨ ________________

4 例のように活用形に直しましょう。

	基本形		約束意志活用形
例)	메일로 연락하다.	→	메일로 연락할게요.

1) 유튜브로 보다. ⇨ ________________

2) 내일 가다. ⇨ ________________

3) 친구에게 전하다. ⇨ ________________

4) 8시까지 오다. ⇨ ________________

6 ★ 人間関係と敬語

韓国では身内であろうとなかろうと、目上の人には常に敬語を使います。ビジネスの際に、社外の人に対しても留守を伝える時は「社長様(部長様、課長様)は、今いらっしゃいません」といった具合に敬語を使います。韓国は目上に対して「絶対敬語」を用いる。たとえ一歳でも、場合によっては一日であっても、生まれが早い方が人生の先輩として、目上の扱いを受けることになります。会社などで取引先に自分の上司などを紹介したり、電話で上司の留守を伝えたりする場合は身内ということで、たとえ上司であっても呼び捨てにする、内と外とを峻別する、例えば日本のビジネスルールとは異なっています。したがって韓国では自己紹介しあうときなどは「何年生まれですか」と、生まれ年や年齢を尋ねあうことが多いです。

콘서트

11課

コンサート

ウォーミングアップ（簡単に使える文型） 11-1

文型　副詞 + 좋았어요.　~よかったです。
構成　너무 + 좋았어요.　とてもよかったです。

練習　次の単語を入れて表現してみましょう。

単語

例　아주 とっても ~ **口語形**
1 너무너무 とってもとても, 2 매우 とても, 3 굉장히 非常に, 4 대단히 とても,
5 가장 一番, 6 정말 本当に、7 더없이 この上なく

1 上の単語を発音のみで、表現してみましょう。

例　아주 + 좋았어요.　とっても良かったです。

1 ______ + 좋았어요.
2 ______ + 좋았어요.
3 ______ + 좋았어요.
4 ______ + 좋았어요.
5 ______ + 좋았어요.
6 ______ + 좋았어요.
7 ______ + 좋았어요.

2 今度は、ハングルで書きながら表現してみましょう。

例　아주 좋았어요.　とっても良かったです。

1 .... とってもとても良かったです。
2 .... とても良かったです。
3 .... 非常に良かったです。
4 .... とても良かったです。
5 .... 一番良かったです。
6 .... 本当に良かったです。
7 .... この上なく良かったです。

単語 ▶ 11-V

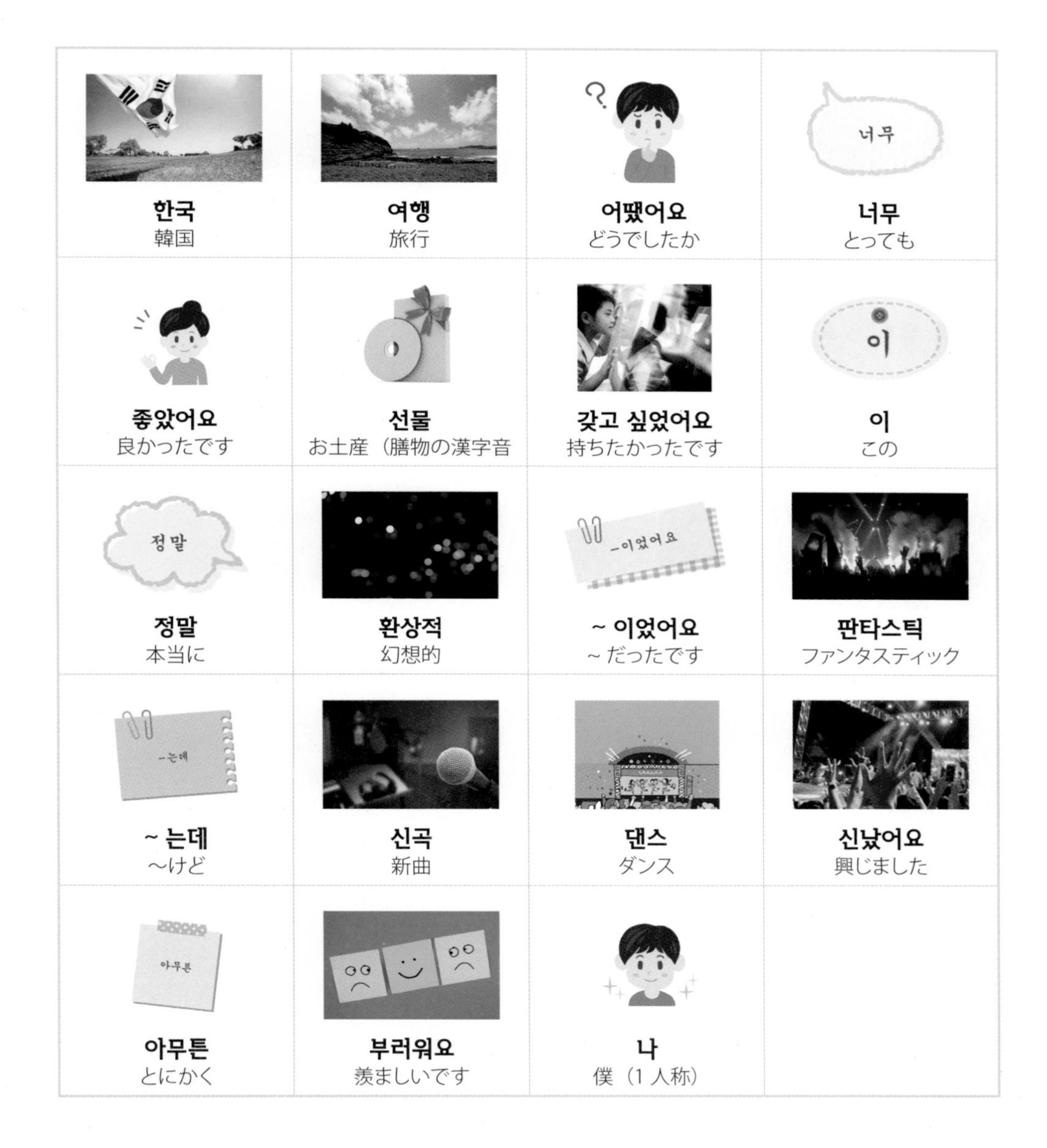

한국 韓国	여행 旅行	어땠어요 どうでしたか	너무 とっても
좋았어요 良かったです	선물 お土産（膳物の漢字音	갖고 싶었어요 持ちたかったです	이 この
정말 本当に	환상적 幻想的	~ 이었어요 ~ だったです	판타스틱 ファンタスティック
~ 는데 ~けど	신곡 新曲	댄스 ダンス	신났어요 興じました
아무튼 とにかく	부러워요 羨ましいです	나 僕（1人称）	

本文会話 ▶ 11-2

윤호 : 여행 어땠어요?

유이 : 너무 좋았어요. 이거 선물이에요.

윤호 : 아, 이 시디(CD) 갖고 싶었어요. 정말 고마워요. 콘서트는 어땠어요?

유이 : 환상적이었어요. 판타스틱!

윤호 : 나도 가고 싶었는데…

유이 : 신곡도 좋았고, 댄스도 너무 신났어요.

윤호 : 아무튼 부러워요.

本文の表現と文の構成チェック

1 여행 어땠어요? (旅行　どうでしたか。)

文の構成：

	여행	어땠어요?
対訳：	旅行	どうでしたか。

「어땠어요 ?」は、「어떠하다」の過去形。「어떠했어요」の過去形「어땠어요」が縮約。

2 너무 좋았어요. 이거 선물이에요. (とてもよかったです。これ、お土産です。)

文の構成：

	너무	좋았어요.	이거	선물+이에요.
対訳：	とても	よかったです。	これ、	お土産です。

「좋았어요」は、「좋다」の過去形。形容詞の過去形は動詞と同じく「ー았（었）어요」が付きます。

3 아, 이 시디(CD) 갖고 싶었어요.

(あー、このCD欲しかったんです。)

정말 고마워요. 콘서트는 어땠어요?

(本当にありがとうございます。コンサートはどうでしたか。)

文の構成：

	아,	이	시디(CD)	갖고 싶었어요.
対訳：	あー、	この	CD	ほしかったんです。

	정말,	고마워요.	콘서트+는	어땠어요?
対訳：	本当に	ありがとうございます。	コンサート＋は	どうでしたか。

「싶었어요」は、「싶다」の過去形。

4 환상적이었어요. 판타스틱! （幻想的でした。ファンタスティック!）

文の構成：

	환상적+이었어요.	판타스틱!
対訳：	幻想的＋でした。	ファンタスティック!

「판타스틱」は、英語「Fantastic（ファンタスティック）」のハングル表記。

5 나도 가고 싶었는데... （僕も行きたかったのに…）

文の構成：

	나+도	가고 싶었는데...
対訳：	僕＋も	行きたかったのに…

連結語尾「―는데」

「～けど、～ので」の意味で、何かをいうための前置きとしてそれと関連した状況を前もって述べるという連結語尾です。聞き手の反応を期待しながら何かについて感嘆しているという意を表す終結語尾や、婉曲の表現にもなります。

☆参考　1 갔는데 , 2 했는데 , 3 먹었는데

6 신곡도 좋았고, 댄스도 너무 신났어요. （新曲もよくて、ダンスもすごく楽しかったです。）

文の構成：

	신곡+도	좋았고,	댄스+도	너무	신났어요.
対訳：	新曲+ も	よくて、	ダンス＋も	すごく	楽しかったです。

並列語尾「~ 고」、

「良くて」のように「～して」、(そして)の意味を表します。

基本形	連結語尾	活用形
사다	~고(並列、)	사고
먹다		먹고

子音、母音区別なく「～고」のみ。(わかりやすい!)

★ 参考

1 청소하고 나가요.（掃除して出かけます。）

2 밥 먹고 전화해요.（ご飯を食べて、電話します。）

3 돈을 찾고 표를 사요.（お金を下ろして、キップを買います。）

4 편리하고 좋아요.（便利で、良いです。）

7 아무튼 부러워요. （とにかくうらやましいです。）

文の構成：

	아무튼	부러워요.
対訳：	とにかく	うらやましいです。

「부러워요」は、不規則活用（参照）

発音のコツ

① 윤호 → 유노

一音節目の「윤」のパッチムの「ㄴ」が二音節目の母音に移る現象です。

② 어땠어요 → 어때써요

二音節目のパッチムの「ㅆ」が、三音節目の母音に移動し、濃音として発音される現象です。

「신났어요」→「신나써요」も同じ現象です。

③ 좋았어요 → 조아써요

一音節目のパッチム「ㅎ」は、空気性を帯びているが、パッチムでは空気を強くすることができないので、実現しません。二音節目のパッチム「ㅆ」は、「２」と同じく、三音節目に移る現象です。

④ 선물이에요 → 선무리에요

二音節目のパッチム「ㄹ」が三音節目の母音「이」に移り、「리」と聞こえる現象です。

⑤ 환상적이었어요 → 환상저기어써요

三音節目のパッチム「～적」が次の母音「이」に移り、発音される現象です。「써」は「３」と同じ現象です。

6 **싶었는데** 시펀는데

一音節目のパッチム「ㅍ」が二音節目に移り、「퍼」になります。そして、二音節目の「ㅆ」のパッチムは、三音節目に子音があるので、移ることなくパッチムとして発音されます。「ㅆ」がパッチムとして発音される際には、「ㄴ」として実現されます。

7 **좋았고** 조아꼬

「3」と同じ現象です。つまり一音節目のパッチム「ㅎ」は、空気性を帯びているが、パッチムでは空気を強くすることができないので、実現しません。二音節目のパッチム「ㅆ」は三音節目の子音「~고」に影響を与え、強くし「꼬」と濃音化する現象です。

応用表現 11-3

윤호 : 한국에 가서, 콘서트 잘 봤어요?

유이 : 네, 너무 좋았어요.

윤호 : 그런데 목소리가 왜 그래요?

유이 : 노래를 많이 불러서 목이 쉬었어요.

윤호 : 그래요. 정말 좋았군요.

유이 : 그럼요. 노래가 너무 좋아, 황홀했어요.

윤호 : 아무튼 부럽네요.

유이 : 다음에 기회 되면 같이 가요.

윤호 : 정말이요? 그럼, 다음에 꼭 같이 가요.

(손가락을 내밀며) 약속해요.

유이 : 네. 약속.

応用表現と単語の意味

봤어요	「 見ました」の意、「보다」の過去活用形
목소리	「 声」の意「 목」と「소리」の結合
노래	「 歌」の意、固有語表現
불러서	「 歌って」の意、「부르다」の活用形
목	「 喉」の意
쉬었어요	「(声が) かれました」の意、「쉬다」の活用形
~군요	「~ ようですね」の意、推測で確認する意味を持つ語尾
황홀했어요	「とろけてエクスタシーを感ずる」の意、「황홀하다 (恍惚だ)」の活用形
~네요	「~ ですね」の意、自分の気持ちを伝え、同意を求める意の語尾
다음	「 今度、次回」の意
기회	「 機会」のハングル表記
되면	「 なったら」の意、「되다」に条件を表す助詞「면」が結合
꼭	「 必ず」の意
손가락	「 指」の意、「 손」と「가락」の結合
내밀며	「 出しながら」の意「내밀다」に、同時を表す「며」が結合

練習

1 例のように直しましょう。

	基本形		形容詞過去活用
例)	너무 좋다.	→	너무 좋았어요.

1) 매우 맛있다. ⇨ ______________________
2) 정말 고맙다. ⇨ ______________________
3) 환상적이다. ⇨ ______________________
4) 가고 싶다. ⇨ ______________________

2 例のように活用形に直しましょう。

基本形		過去羅列活用
例) 신곡도 좋다. 댄스도 신나다.	→	신곡도 좋고, 댄스도 신났어요.

1) 날씨도 좋다. 프로그램도 재미있다. ⇨ ______________________
2) 시설도 깨끗하다. 음식도 맛있다. ⇨ ______________________
3) 요금도 싸다. 편리하다. ⇨ ______________________
4) 사람들이 친절하다. 안전하다. ⇨ ______________________

3 例のように直しましょう。

	基本形		形容詞不規則活用
例)	친구가 부럽다	→	친구가 부러워요.

1) 날씨가 덥다 ⇨ ____________________

2) 저녁에는 춥다 ⇨ ____________________

3) 정말 고맙다 ⇨ ____________________

4) 부담스럽다 ⇨ ____________________

경험

12 課

経験

ウォーミングアップ（簡単に使える文型）

12-1

文型	食べ物 + 먹어 본 적 있어요?　~食べたことありますか。
構成	삼계탕 + 먹어 본 적 있어요?　参鶏湯食べたことありますか。

練習　次の単語を入れて表現してみましょう。

単語

例　김치찌개 キムチチゲ

1 비빔밥 混ぜご飯, 2 일본 음식 日本の食べ物, 3 스시 お寿司, 4 부대찌개 プデチゲ,
5 빙수 かき氷, 6 양념치킨 ヤンニョムチキン、7 한국라면 韓国のラーメン

1　上の単語を発音のみで、表現してみましょう。

例 김치찌개 + 먹어 본 적 있어요?　キムチチゲ食べたことありますか。

1 ________ + 먹어 본 적 있어요?
2 ________ + 먹어 본 적 있어요?
3 ________ + 먹어 본 적 있어요?
4 ________ + 먹어 본 적 있어요?
5 ________ + 먹어 본 적 있어요?
6 ________ + 먹어 본 적 있어요?
7 ________ + 먹어 본 적 있어요?

2　今度は、ハングルで書きながら表現してみましょう。

例 김치찌개 먹어 본 적 있어요? 네, 있어요. / 아니요, 없어요.
キムチチゲ食べたことありますか。 はい、あります。/ いいえ、ないです。

1 .... 混ぜご飯食べたことありますか。
2 .... 日本の食べ物食べたことありますか。
3 .... お寿司食べたことありますか。
4 .... プデチゲ食べたことありますか。
5 .... かき氷食べたことありますか。
6 .... ヤンニョムチキン食べたことありますか。
7 .... 韓国のラーメン食べたことありますか。

単語 12-V

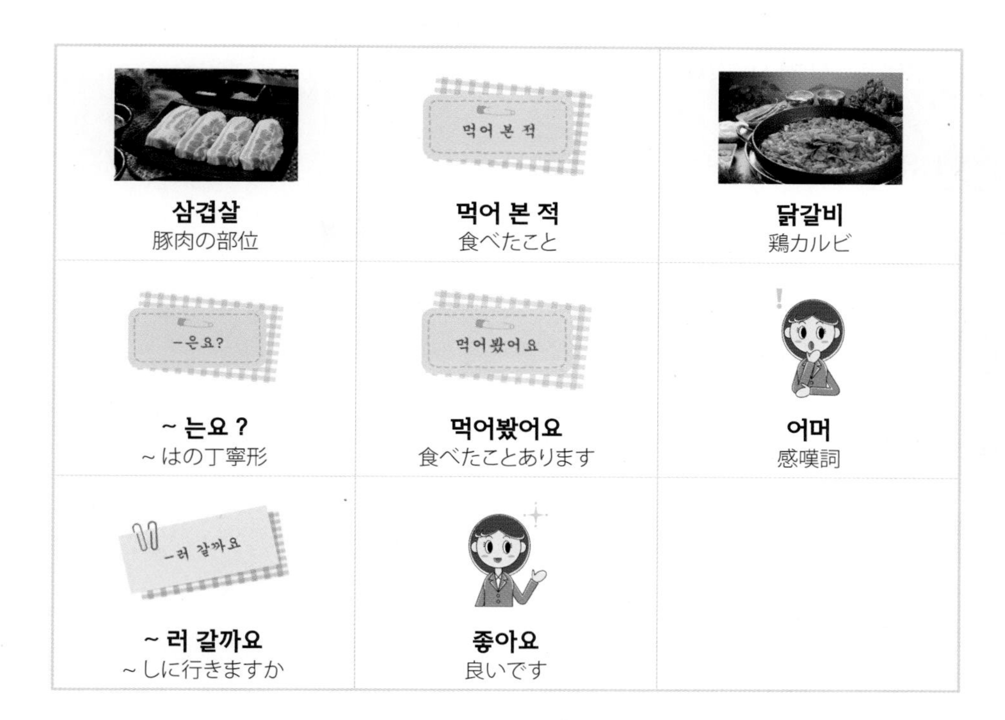
먹어 본 적
-은요?
먹어봤어요
-러 갈까요
삼겹살
豚肉の部位
먹어 본 적
食べたこと
닭갈비
鶏カルビ
~는요？
~はの丁寧形
먹어봤어요
食べたことあります
어머
感嘆詞
~러 갈까요
~しに行きますか
좋아요
良いです

本文会話

12-2

지민 : 삼겹살 먹어 본 적 있어요?

유이 : 아니요. 먹어 본 적 없어요.

지민 : 그럼, 닭갈비는요?

유이 : 닭갈비는 먹어 봤어요.

지민 : 그러면, 내일 삼겹살 먹으러 갈까요?

유이 : 어머, 좋아요.

本文の表現と文の構成チェック

1 삼겹살 먹어 본 적 있어요? (サムギョプサル食べたことありますか。)

文の構成：

삼겹살	먹어 본 적	있어요?
サムギョプサル	食べ(てみ)たこと	ありますか。

対訳：　サムギョプサル　食べ(てみ)たこと　ありますか。

「~ 적 있다 / 없다」、動詞の語幹について、「~したことがある、ない」という経験の有無を表します。

- 経験の「~ 적 있다 / 없다」の使い方

基本形	連結語尾
사다	+ㄴ
먹다	+은

~적　있다 / 없다

パッチムあり、(子音)

★ 参考

1 서울에 가 본 적이 있어요.

2 먹어 본 적이 있어요.

3 럭비 시합을 본 적이 없어요.

4 아이패드를 쓴 적이 없어요.

2 아니요. 먹어 본 적 없어요. （いいえ、食べたことないです。）

文の構成：

	아니요.	먹어 본 적	없어요.
対訳：	いいえ。	食べたこと	ないです。

「아니요.」は、否定の「아니」に丁寧の「요.」の結合

3 그럼, 닭갈비는요? （じゃあ、タッカルビは。）

文の構成：

	그럼,	닭갈비＋는요?
対訳：	じゃあ、	タッカルビ＋は。

「～名詞는요?」

「닭갈비는」は、名詞「닭갈비」に助詞「는」が付く形で、「タッカルビは」のように「닭갈비는」のみでも使われるが、丁寧を表す際には、「～요」を付けることができます。「～はどうですか」の意味。

4 닭갈비는 먹어 봤어요. （タッカルビは食べました。）

文の構成：

	닭갈비＋는	먹어 봤어요.
対訳：	タッカルビ＋は	食べました。

「動詞＋아 / 어 봤어요」は、試しで「～してみました」という意。

- **補助用言の「아 / 어 보다」（보았다 - 봤다）**

語幹が陽性母音

語幹が陰性母音

基本形	連結語尾	活用形
사다	−아 보다 (사보다)	基本形：사 보다. 過去形：사 보았어요, 사 봤어요.
쓰다	−쓰어 보다 (써보다)	基本形：써 보다. 過去形：써 보았어요. 써 봤아요.
하다	−해 보다	基本形：해 보다. 過去形：해 보았어요. 해 봤어요.

「**보았다**」が、縮約して
「**봤다**」に変化。

✲ やってみよう!(「～してみました」という表現を作ってみましょう。)

1 한국요리를 만들다.(韓国料理を作る。)

2 한국 소설을 읽다.(韓国の雑誌を読む。)

確認

1 한국요리를 만들어 봤어요.
2 한국 소설을 읽어 봤어요.

5 그러면, 내일 삼겹살 먹으러 갈까요?

(それじゃあ、明日サムギョプサル食べに行きましょうか。)

文の構成：

그러면,	내일	삼겹살	먹+으러	갈까요?
それじゃあ、	明日	サムギョプサル	食べ＋に	行きましょうか。

対訳：それじゃあ、 明日 サムギョプサル 食べ＋に 行きましょうか。

그러면

仮定の면を使った表現で、それなら、そうであれば、の意味を表します。

6 어머, 좋아요.（あら、いいですよ。）

文の構成：

	어머,	좋아요.
対訳：	あら、	いいですよ。

「어머」感嘆詞、主に女性が使う言葉です。

発音のコツ

① 삼겹살 → 삼겹쌀

二音節目の「~ 겹」のパッチムの「ㅂ」が三音節目「살」を「쌀」に強くする現象です。

② 먹어 본 → 머거 본

一音節目のパッチムの「먹」が、二音節目の母音に移り、発音される現象です。

③ 닭갈비 → 닥깔비

一音節目のパッチムは、「ㄺ」のように二つありますが、「ㄱ」一つのみ発音されます。そして、その発音が次に来る子音「~ 갈」の「ㄱ」に影響を与え、強く発音される現象です。韓国語のパッチムは、次に母音が来るとそこに移り、発音されるし、子音が来ると強くし、濃音化する傾向があります。厄介なものです。

一音節目のパッチム「먹」が二音節目の母音「~ 으」に移る現象です。

④ 좋아요 → 조아요

一音節目のパッチム「좋」の「ㅎ」は、空気性を帯びているが、パッチムでは空気を強くすることができないので、実現しません。よって、発音の際には脱落したように聞こえます。

応用表現 12-3

지민 : 삼계탕 먹어본 적 있어요?

유이 : 네. 있어요.

지민 : 그럼, 양념치킨은요?

유이 : 아니요. 먹어 본 적 없어요. 먹고 싶어요.

지민 : 그러면, 이번 토요일에 양념치킨 먹으러 갈까요.

유이 : 어머, 좋아요.

지민 : 내가 맛있는 식당을 알아요.

유이 : 어디인데요?

지민 : 신오쿠보에 있어요. 내가 미리 예약해 놓을게요.

유이 : 고마워요.

応用表現と単語の意味

삼계탕	「参鶏湯」のハングル表記、若い鶏に高麗人参等を入れて煮込んだ栄養食
양념치킨	「ヤンニョムチキン」、フライドチキンに味を付けた料理
먹고 싶어요	「食べたいです」の意、「먹다」と「싶어요」の結合
이번	「今度、来る」の意
토요일	「土曜日」のハングル表記
갈까요	「行きますか」の意で、動詞「가다」に、相手の意見を求める語尾「ㄹ까요」の結合
어머	感嘆詞、主に女性が使う
좋아요	「良いです」の意、形容詞「좋다」の語幹に丁寧を表す「아요」の結合
맛있는	「美味しい」の意、「맛있다」の活用形
식당	「食堂」のハングル表記
알아요	「知っています」の意、「알다」に語尾「아요」の結合
어디인데요	「どこですか」の意、「어디」に「인데요」の結合
신오쿠보	「新大久保」のハングル表記
미리	「予め、前に」の意
예약해 놓을게요	「予約しておきます」の意、「예약하다」に「놓다」の丁寧形「요」が結合

練習

1 **例のように直しましょう。**

	基本形		経験活用
例)	삼겹살(을) 먹어보다	→	삼겹살(을) 먹어본 적 있어요?

1) 한국에 가보다. ⇨ ______________________
2) 케이팝(을) 들어 보다. ⇨ ______________________
3) 친구에게 연락하다. ⇨ ______________________
4) 부모님께 선물 드리다. ⇨ ______________________

2 **例のように活用形に直しましょう。**

	基本形		確認活用形
例)	같이 가다	→	같이 갈까요?

1) 같이 공부하다. ⇨ ______________________
2) 내일 만나다. ⇨ ______________________
3) 김밥을 먹다. ⇨ ______________________
4) 일을 끝내다. ⇨ ______________________

3 例のように活用形に直しましょう。

	基本形		目的と確認活用形
例)	먹다. 가다.	→	먹으러 갈까요?

1) 공부하다. 가다. ⇨ ____________

2) 영화를 보다. 가다. ⇨ ____________

3) 삼겹살을 먹다. 가다. ⇨ ____________

4) 친구를 만나다. 가다. ⇨ ____________

7 ★ 韓国料理と食事作法

韓国料理と食事作法：韓国で食事は多くの人とともに楽しみます。したがって一般的にはひとりで食べる個食の習慣がありません。さらに割り勘の習慣がありません。その場で一番目上の人やお金を持ち合わせている人が費用を持ちます。それは不公平ではなく、収入があれば次に自分が費用を持ちますから、長い目で見れば公平になります。その代で返せなくても、自分が年上になったら年下のものにご馳走しますから社会全体でみれば公平なのです。また、そうしてこそ貧富の公平さが保たれると考えます。食事はその席で一番目上の人から食べ始めます。韓国のご飯やスープ用の食器はその多くが金属で熱く、基本的には器を手に持って食べることはしません。食事には箸と匙とが備えられていて、ご飯とスープを食べるときには匙を用います。ご飯とスープをともに匙にすくって食べてよく、茶碗はテーブルに置いたまま食べます。箸は主としておかずを大皿からとるときに用います。

韓国料理は、健康を重視してメニューやコースが考えられています。客には机がたわむくらいのたくさんの種類の料理が出されます。客はたくさんの種類のものを少しずついただき、満腹して満足したことをあらわすために料理を平らげることはしません。

箸や匙は縦に置き、日本のように横には置かないのも興味深いでしょう。

SNS(에스, 엔, 에스)
Social Network Service

13課

SNS

ウォーミングアップ（簡単に使える文型） ▶ 13-1

文型	안(否定) + 해요.	~しません。
構成	안 + 해요.	しません。

練習 次の単語を入れて表現してみましょう。

単語

例 먹어요 食べます

1 봐요 見ます, 2 가요 行きます, 3 좋아해요 好きです, 4 자요 寝ます, 5 탔어요 乗りました, 6 왔어요 来ました, 7 만났어요 会いました

1 上の単語を発音のみで、表現してみましょう。

例 안 + 먹어요. 食べません。

1 안 + ______________.
2 안 + ______________.
3 안 + ______________.
4 안 + ______________.
5 안 + ______________.
6 안 + ______________.
7 안 + ______________.

2 今度は、ハングルで書きながら表現してみましょう。

例 안 + 먹어요. 食べません。

1 .... 見ません。
2 .... 行きません。
3 .... 好きではありません。
4 .... 寝ません。
5 .... 乗りませんでした。
6 .... 来ませんでした。
7 .... 会いませんでした。

単語 ▶ 13-V

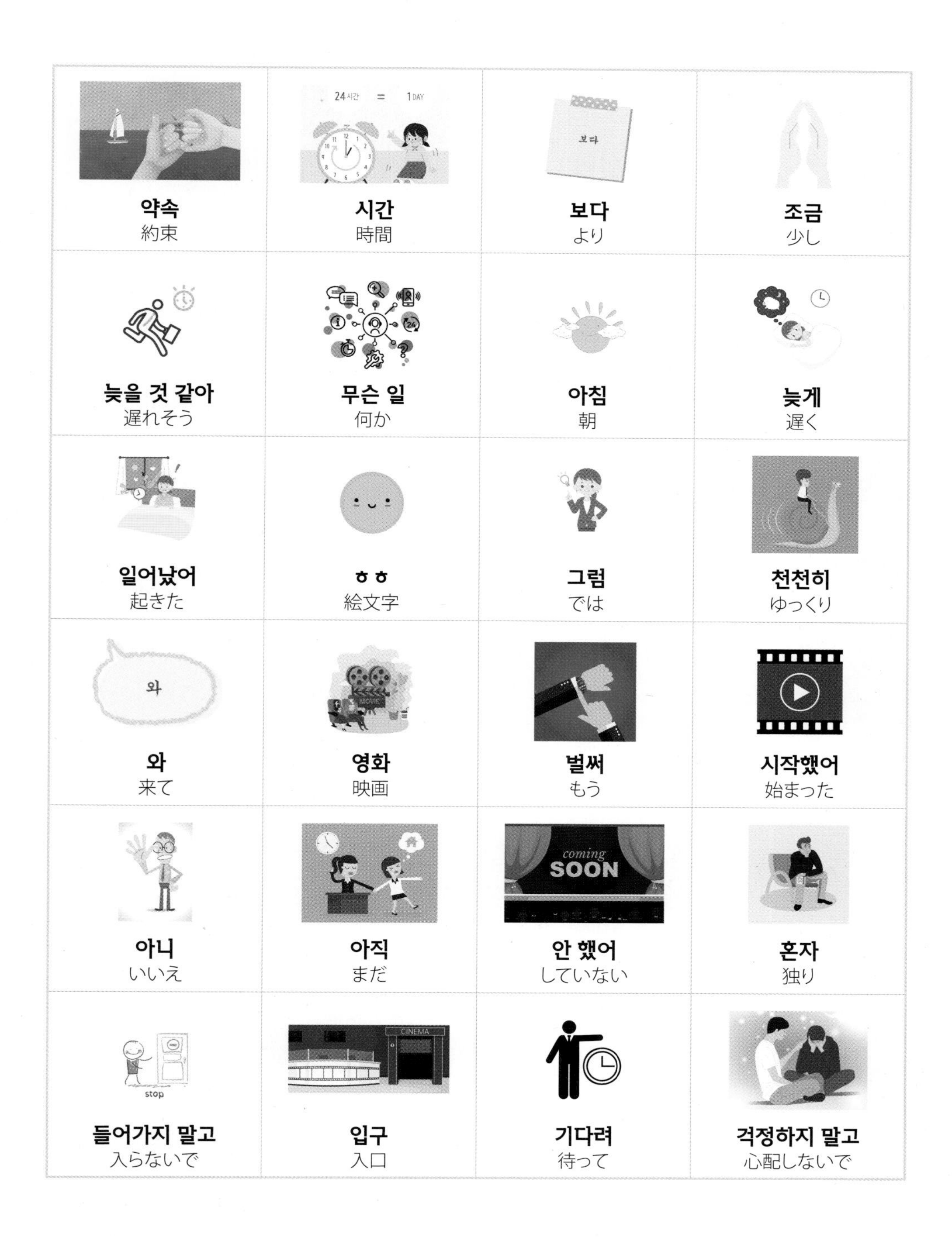

24시간 = 1DAY
보다
약속
約束
시간
時間
보다
より
조금
少し
늦을 것 같아
遅れそう
무슨 일
何か
아침
朝
늦게
遅く
일어났어
起きた
ㅎㅎ
絵文字
그럼
では
천천히
ゆっくり
와
와
来て
영화
映画
벌써
もう
시작했어
始まった
coming
SOON
아니
いいえ
아직
まだ
안 했어
していない
혼자
独り
stop
CINEMA
들어가지 말고
入らないで
입구
入口
기다려
待って
걱정하지 말고
心配しないで

本文会話

13-2

유이 : 약속 시간보다 조금 늦을 것 같아.

윤호 : 왜? 무슨 일 있어?

유이 : 아침에 늦게 일어났어.

윤호 : ㅎㅎ, 그럼 천천히 와.

유이 : 영화 벌써 시작했어?

윤호 : 아니, 아직 시작 안 안 했어.

유이 : 그럼, 혼자 들어가지 말고, 입구에서 기다려.

윤호 : 알았어. 걱정하지 말고, 천천히 와.

本文の表現と文の構成チェック

1 약속 시간보다 조금 늦을 것 같아. （約束（の）時間よりちょっと遅れそう。）

文の構成：

약속 시간	보다	조금	늦을 것 같아.
対訳： 約束 時間	より	ちょっと	遅れそう。

「~ 보다」、「~ より」の意味で比較を表す接続詞です。

- 推測の「～ㄹ / 을 것 같다」の使い方

パッチムがない。母音。

パッチムがある。子音。

基本形	連結語尾	活用形
빠르다	―ㄹ 것 같다(요) ―을 것 같다	빠를 것 같아요
늦다		늦을 것 같아요
「～のようだ」の意味になります。		

✽ やってみよう！（「～ようです」の形を作ってみましょう。）

1 차다（冷たい）

2 따뜻하다（温かい）

確認

1 먹을 것 같아요
2 찾을 것 같아요

2 왜? 무슨 일 있어? (どうして。何かあったの。)

文の構成：

	왜?	무슨 일	있어?
対訳：	どうして。	何か(何のこと)	あるの。

「있어요」の「요」をとると、丁寧な語尾「〜です、ます」がとれるので、友達言葉(반말)になります。

3 아침에 늦게 일어났어. (朝、遅く起きたの。)

文の構成：

	아침에	늦게	일어났어.
対訳：	朝(に)、	遅く	起きたの。

基本形から「다」をとった形 게 (説明参照)

- 程度、状況の「〜게」の使い方

基本形	連結語尾	活用形
빠르다	ー게 (子音、母音区別ない。一つのみ)	빠르게
늦다		늦게
基本形から「다」をとった形について「〜ように、〜く、〜に、」の意味を表します。		

✻ やってみよう！(「～く」の形を作ってみましょう。)

1 밝다(明るい)

2 크다(大きい)

確認

1 밝게
2 크게

4 ㅎㅎ, 그럼 천천히 와. ((笑) じゃあ、ゆっくり来て。)

文の構成：

	ㅎㅎ,	그럼	천천히	와.
対訳：	(笑)	じゃあ、	ゆっくり	来て。

「ㅎㅎ」は、主にインターネット上で使われ、日本での「(笑)」に当たります。

5 영화 벌써 시작했어? (映画もう始まった。)

文の構成：

	영화	벌써	시작했어?
対訳：	映画	もう	始まった。

「시작했어 ?」は、「시작」+「했어」の構成。

6 아니, 아직 시작 안 했어. （ううん、まだ始まってない。）

文の構成：

	아니,	아직	시작 안 했어.
対訳：	ううん、	まだ	始まってない。

動詞の前の「안」は否定形。説明参照。

- 否定形「안＋動詞」（「～しない」の意味を表す）

안 ＋

基本形	活用形(요丁寧)
사다	안 사다(안 사요)
먹다	안 먹다(안 먹어요)
하다	안 하다(안 해요)

「시작하다, 공부하다」のように「名詞＋하다」の場合、「名詞」と「하다」の間に「안」を入れます。

7 그럼, 혼자 들어가지 말고, 입구에서 기다려.

(じゃあ、一人で入らないで、入り口で待ってて。)

文の構成：

	그럼,	혼자	들어가지 말고,	입구+에서	기다려.
対訳：	じゃあ、	一人で	入らないで、	入口＋で	待ってて。

「動詞＋**지 말고**」は、「～しないで」という意味を表し、後に命令・勧誘・依頼の表現が続きます。説明参照。

- 命令否定の「～지 말고」の使い方

<table>
<tr><th>基本形</th><th>連結語尾</th><th>活用形</th></tr>
<tr><td>사다</td><td rowspan="3">−지 말고
(子音、母音区別ない。一つのみ_</td><td>사지 말고</td></tr>
<tr><td>먹다</td><td>먹지 말고</td></tr>
<tr><td>하다</td><td>하지 말고</td></tr>
</table>

8 알았어. 걱정하지 말고, 천천히 와. （わかった。心配しないでゆっくり来て。）

文の構成：

	알았어.	걱정하지 말고,	천천히	와.
対訳：	わかった。	心配しないで	ゆっくり	来て。

本文７と同様、動詞の基本形から다をとった形について、「～しないで」という意

発音のコツ

① 늦을 것 같아　느즐꺼 가타

一音節目の「늦」のパッチムの「ㅈ」が二音節目に移る現象。そして、二音節目のパッチム「ㄹ」が三音節目に影響を与え、濃音化を起こします。「가타」は、「같～」のパッチム「ㅌ」が次の音節の母音に移る現象です。

② 무슨 일　무슨 닐

二音節目のパッチムの「ㄴ」が、三音節目の母音に影響を与える現象です。同じ発音（同化）で発音した方が発音しやすいからです。

③ 아침에　아치메

二音節目のパッチム「ㅁ」が、三音節目の母音に移る現象です。

④ 늦게　늗께

一音節目のパッチム「ㅈ」が二音節目の子音「ㄱ」に影響を与え、濃音にします。「ㅈ」の子音がパッチムで発音する際には、「ㄷ」に変わります。代表音とも言います。「ㅅ，ㅈ，ㅊ，ㅌ，ㅎ」→「ㄷ」となります。

⑤ 일어났어　이러나써

なぜ? 一音節目のパッチム「일」の「ㄹ」が、二音節目の母音に移る現象です。そして、三音節目の「ㅆ」は次の母音に移り、発音される現象です。

⑥ 천천히　천처니

なぜ? 二音節目のパッチム「ㄴ」が三音節目に移り、「니」になります。空気性を帯びている「ㅎ」は、鼻音「ㄴ」に合うと消えます。

7 시작했어

시자캐써

なぜ? 二音節目のパッチム「ㄱ」と三音節目の「ㅎ」が合うと、激音化します。「ㅎ」が空気性を帯びているからです。そして、三音節目の「ㅆ」が、次の音節に移り、濃音として発音される現象です。

8 안 했어

아내써

なぜ?「**안 했어**」を一気に発音すると、「**아내써**」になります。一音節目のパッチムの「ㄴ」が、二音節目に移り、「**내**」とかわります。そして、二音節目のパッチム「ㅆ」が、三音節目に移る現象です。

9 들어가지

드러가지

一音節目のパッチムの「ㄹ」が二音節目に移る現象です。

10 알았어

아라써

なぜ?「9」と同じく、一音節目のパッチムの「ㄹ」が二音節目の母音に移り、「**라**」になります。そして、二音節目のパッチム「ㅆ」が、三音節目の母音に移る現象です。

応用表現 ▶ 13-3

일기

2019 년 6 월 18 일 목요일

날씨: 오전 맑음, 오후 비

오늘은 아침 9 시에 일어났다. 너무 피곤해서 늦잠을 자버렸다.

어제 기말 시험이 끝나, 친구들과 쫑파티를 했다.

그리고 밤 12 시에 막차를 타고 집에 왔다.

조금 일찍 나올걸….

친구들이 자꾸 붙잡아서, 거절을 못하고 끝까지 남아 있었다.

거절을 잘 못하는 것이 문제다.

앞으로는 거절할 것은 분명히 거절해야겠다.

오늘부터 방학이다. 그렇지만 놀지 말고 도서관에 가야겠다.

미래를 위해서는 여름방학을 유익하게 잘 보내야 한다.

오늘의 격언:

"뜻이 있는 곳에 길이 있다"

応用表現と単語の意味

2019년	2019 年
6월 18일	6 月 18 日
목요일	「木曜日」のハングル表記
날씨	「天気」の固有語
오전	「午前」のハングル表記
맑음	「晴」の意
오후	「午後」のハングル表記
비	「雨」の意
피곤해서	「疲れて」の意
늦잠	「寝坊」の意「늦」と「잠」の結合
자버렸다	「寝てしまった」の意、「자다」と「버렸다」の結合
어제	「きのう」の意
기말 시험	「期末試験」のハングル表記
끝나	「終わり」の意、「끝나다」の中止形
쫑파티	「打ち上げパーティー」の意、「쫑」と「파티」の結合
막차	「終電、終車」の意、最後を表す「막」と「차」の結合
일찍	「早めに」の意、副詞
나올 걸	「出ればよかった」の意で、起こったことに軽い反省の際に用いる
자꾸	「繰り返して」の意、
붙잡아서	「掴んだので、誘ったので」の意、「붙잡다」に理由と原因を表す助詞「아서」の結合
거절	「拒絶」のハングル表記
끝	「最後、終わり」の意
잘 못하는 것	「よくできないこと」の意、「잘」と「못하다」の活用形に、形式名詞「것」の結合
문제	「問題」のハングル表記，
앞으로는	「これからは」の意
할 것	「すること」の意、「하다」の活用形「할」と形式名詞「것」の結合
분명히	「明確に」の意

~해야겠다	「しなければならない」の意、「하다」の活用形に意思を表す「~겠다」の結合
방학	「放学(やすみ)」のハングル表記、休みの意
그렇지만	「しかし、けれども」の意
~지 말고	「~しないで」の意、動詞の語幹に付く。「하~」
도서관	「図書館」のハングル表記
미래	「未来」のハングル表記
위해서	「ために」の意、名詞や名詞形に付く。
유익하게	「有益に」の意、「유익하다」の活用形
격언	「格言」のハングル表記,
"뜻이 있는 곳에 길이 있다"	「意志あるところに道は開ける」の意

1 例のように直しましょう。

	基本形		推測活用形
例)	조금 늦다.	→	조금 늦을 것 같아.

1) 겨울에는 춥다. ⇨ ____________________

2) 연락을 안 하다. ⇨ ____________________

3) 오늘은 안 오다. ⇨ ____________________

4) 내일은 못 가다. ⇨ ____________________

2 例のように活用形に直しましょう。

	基本形		副詞形と過去活用形
例)	늦다. 일어나다.	→	늦게 일어났어.

1) 맛있다. 먹다. ⇨ ____________________

2) 재미있다. 보다. ⇨ ____________________

3) 기쁘다. 만나다. ⇨ ____________________

4) 어렵다. 통과하다. ⇨ ____________________

3 例のように活用形に直しましょう。

	基本形		否定形と対等関係活用形
例)	시작하다.	→	① 시작 안 하다. ② 시작 안 했어.

1) 준비하다. ⇨ ① ________ ② ________
2) 잠을 자다. ⇨ ① ________ ② ________
3) 밥을 먹다. ⇨ ① ________ ② ________
4) 숙제를 하다. ⇨ ① ________ ② ________

4 例のように活用形に直しましょう。

	基本形		命令活用形
例)	기다리다.	→	기다려.

1) 빨리 먹다. ⇨ ________
2) 이제 잊다. ⇨ ________
3) 시험 공부하다. ⇨ ________
4) 같이 청소하다. ⇨ ________

5 例のように活用形に直しましょう。

	基本形		否定形と命令活用形
例)	들어가다. 기다리다.	→	들어가지 말고 기다려.

1) 먹다. 기다리다. ⇨ ________________

2) 놀다. 공부하다. ⇨ ________________

3) 가다. 오다. ⇨ ________________

4) 말하다. 비밀을 지키다. ⇨ ________________

正解(練習問題)

1과

1

1) 이선중입니다.
2) 박용수입니다.
3) 일본 사람입니다.

2

1) 이시하라라고 합니다.
2) 마츠모토라고 합니다.
3) ㅇㅇㅇ라고 합니다.

3

1) 안녕히 가세요.
2) 안녕?

2과

1

1) 대학생입니까?
2) 일본사람입니까?
3) 한국사람입니까?
4) 회사원입니까?

2

1) 대학생이 아닙니다.
2) 일본 사람이 아닙니다.
3) 회사원이 아닙니다.
4) 한국 사람이 아닙니다.

3

1) 회사원입니다.
2) 투어컨덕터입니다.
3) 프로그래머입니다.
4) 대학생입니다.

3과

1

1) 콜라 있어요? ▶ 네, 있어요.
2) 티켓 있어요? ▶ 네, 있어요.
3) 주스 있어요? ▶ 네, 있어요.

2

1) 커피 있어요? ▶ 아니오, 없어요.
2) 볼펜 있어요? ▶ 아니오, 없어요.
3) 디브이디 있어요? ▶ 아니오, 없어요.

3

1) 만 원이에요.
2) 백원이에요.
3) 십원이에요.
4) 십만 원이에요.

4과

1

1) 이것은 커피예요.
2) 저것은 주스예요.
3) 그것은 인삼차예요.

2

1) 대학생이에요.
2) 일본 사람이에요.
3) 프로그래머예요.
4) 스즈키예요.

5과

1

1) 하늘이 맑아요.
2) 기온이 차요.
3) 방안이 따뜻해요.
4) 공기가 신선해요.

2

1) 밤에는 추워요.
2) 날씨가 더워요.

6과

1

1) 조심해요.
2) 주의해요.
3) 공부해요.

2

1) 여유 있어요.
2) 멋있어요.
3) 재미있어요.

3

1) 순두부가 가장 맛있어요.
2) 김밥을 가장 좋아해요.
3) 김치찌개가 제일 맛있어요.
4) 음악을 제일 좋아해요.

7과

1

1) 자요.
2) 와요.
3) 봐요.
4) 해요.

2

1) 하러 가요.
2) 만나러 가요.
3) 공부하러 가요.

3

1) 내일 갈게요.
2) 약속 시간 안에 올게요.
3) 친구를 소개할게요.
4) 일찍 일어날게요.

8과

1

1) 자는 집
2) 먹는 식당
3) 보는 곳
4) 공부하는 장소

2

1) 어디에서 하면 돼요?
2) 어디로 가면 좋아요?
3) 어디에서 공부하면 돼요?
4) 어디에서 타면 돼요?

3

1) 갈 예정입니다.
2) 만날 약속입니다.
3) 살 생각입니다.
4) 할 예정입니다.

9과

1

1) 자고 싶어요.
2) 가고 싶어요.
3) 가보고 싶어요.
4) 여행하고 싶어요.

2

1) 두 개 주세요.
2) 세 개 주세요.
3) 네 개 주세요.
4) 다섯 개 주세요.

10과

1

1) 늦잠 자서 미안해요.
2) 바빠서 시간이 없어요.
3) 시간이 없어서 못 와요.

2

1) 사 주세요.
2) 봐 주세요.
3) 와 주세요.
4) 조용히 해 주세요.

3

1) 지난 주에 한국에 갔다 왔어요.
2) 어제 친구를 만났어요.
3) 조금 전에 밥을 먹었어요.
4) 예정보다 빨리 왔어요.

4

1) 유튜브로 볼게요.
2) 내일 갈게요.
3) 친구에게 전할게요.
4) 8시까지 올게요.

11과

1

1) 매우 맛있었어요.
2) 정말 고마웠어요.
3) 환상적이었어요.
4) 가고 싶었어요.

2

1) 날씨도 좋고, 프로그램도 재미있었어요.
2) 시설도 깨끗하고, 음식도 맛있었어요.
3) 요금도 싸고 편리했어요.
4) 사람들이 친절하고 안전했어요.

3

1) 날씨가 더워요.
2) 저녁에는 추워요.
3) 정말 고마워요.
4) 부담스러워요.

12과

1

1) 한국에 가본 적 있어요?
2) 케이팝을 들어본 적 있어요?
3) 첫사랑에게 연락한 적 있어요?
4) 부모님께 선물 드린 적 있어요?

2

1) 같이 공부할까요?
2) 내일 만날까요?
3) 김밥을 먹을까요?
4) 일을 끝낼까요?

3

1) 공부하러 갈까요?
2) 영화를 보러 갈까요?
3) 삼겹살을 먹으러 갈까요?
4) 친구를 만나러 갈까요?

13과

1

1) 겨울에는 추울 것 같아.
2) 연락을 안 할 것 같아.
3) 오늘은 안 올 것 같아.
4) 내일은 못 갈 것 같아.

2

1) 맛있게 먹었어.
2) 재미있게 보았어.
3) 기쁘게 만났어.
4) 어렵게 통과했어.

3

1) ① 준비 안 하다. ② 준비 안 했어.
2) ① 잠을 안 자다. ② 잠을 안 잤어.
3) ① 밥을 안 먹다. ② 밥을 안 먹었어.
4) ① 숙제를 안 하다. ② 숙제를 안 했어.

4

1) 빨리 먹어.
2) 이제 잊어.
3) 시험 공부해.
4) 같이 청소해.

5

1) 먹지 말고 기다려.
2) 놀지 말고 공부해.
3) 가지 말고 와.
4) 말하지 말고 비밀을 지켜.

付録

あいさつ言葉の整理

	かしこまった丁寧な表現 (～세요, 합니다)		やわらかい丁寧な表現 (～요)	友人・目下に対する表現	
出会い	안녕하세요?			안녕?	
別れ(その場にとどまる人へ)	안녕히 계세요			잘 있어	
別れ(その場を去る人へ)	안녕히 가세요			잘 가	
謝罪	죄송합니다	미안합니다	미안해요	미안해, 미안	
	괜찮습니다		괜찮아요	괜찮아	
感謝	감사합니다	고맙습니다	고마워요	고마워	땡큐
「どういたしまして」			천만에요	천만에	
「会えてうれしいです」	만나서 반갑 습니다		만나서 반가워요		

助詞の整理

韓国語の助詞には、二つの形があり、前に来る単語によって変わります。

는, 은	～は	을, 를	～を
가, 이	～が	로, 으로	～で
도	～も	에	～に

連結活用説明

~고 싶어요	~したいです
가/이 아닙니다	~ではありません
ㄴ/은 적 없어요	~したことがありません
ㄴ/은 적 있어요	~したことがあります
는데	~なんですが
ㄹ 것 같아요	~ようです
ㄹ게요	しますよ
ㄹ까요?	~しましょうか
러, 으러	~に、~しに
아서/어서	~なので、~して
없어요	ありません(해요体)
예요/이에요	です(해요体)
예요?	ですか(해요体)
을/를 좋아해요	~が好きです
입니까?	ですか(합니다体)
입니다	です(합니다体)
있습니다	あります(합니다体)
있어요	あります(해요体)
지 말고	~しないで
할게요	~しますよ
없습니다	ありません(합니다体)

単語索引〈韓国語⇒日本語:가나다라順〉

★ 1.次の①に該当する漢字と②に該当する漢字とハングルに下線を引いています。
①韓国語と同一の漢字を使用する日本語。
②韓国語の一部に漢字が用いられている場合の該当部分。
★ 2.外来語は[　]内に英語を示しています。

韓国語	日本語	教科書新出箇所
~가	～が(母音で終わる名詞の後)	5課
~가 아닙니다	～ではありません(母音で終わる名詞の後)	2課
가구	家具	p26
가다	行く	1課
가면	行けば	8課
가방	かばん	p20
가보다	行ってみる	9課
가수	歌手	1課
가시다	行かれる(가다の尊敬形)	9課
가요	行きます(가다のやわらかい丁寧形語尾)	6課
가장	一番	6課
간장게장	カンジャンケジャン(カニのしょうゆ漬け)	6課
갈까요	行きますか、行きましょうか	12課
감기	風邪	5課
감사	感謝	6課
감사하다	感謝する	1課
갔다 오다	行ってくる	10課
갖고 싶었어요	持ちたかったです	11課
갖다	持つ、所有する	11課
같아요	のようです	10課
같이	一緒	7課
개	犬	11課

~개	～個	12課
거기	そこ	7課
거의	ほとんど	9課
거절	拒絶、拒否	13課
걱정하다	心配する	13課
걱정하지 말고	心配しないで	13課
걸(것을)	ことを	9課
것	こと	13課
게(＝것이)	ことが	10課
겨울	冬	13課
격언	格言	13課
경험	経験	12課
계산서	計算書	8課
계시다	いらっしゃる(있다の尊敬形)	1課
~고	～て、～して	11課
~고 싶어요	～したいです	9課
고맙다	ありがたい	1課
고양이	猫	5課
고향	故郷	9課
곬	ひたすら	p29
곳	場所、ところ	8課
공기	空気	5課
공부	勉強	5課
공항	空港	7課
~과	～と	5課
과일	果物	p32
관광	観光	8課
괜찮다	大丈夫だ、なかなかいい	1課
괜찮아요	大丈夫です	10課
굉장히	非常に、ものすごく、	11課

교과서	教科書	3課
~군요	〜ようですね	11課
궤도	軌道	p33
그	その	4課
그 중	その中	6課
그거	それ	9課
그건	それは	4課
그것	それ	4課
그래서	だから	5課
그래요?	そうですか	5課
그러나	しかし	p25
그러면	そうすると、それでは	7課
그런가 봐요	そうみたいです	10課
그런데	ところで	10課
그럼	では	4課
그럼요	もちろんです	11課
그렇다	そうだ	13課
그렇지만	しかし	13課
그리고	そして	10課
기가	ギガ[giga]	9課
기다려	待って	13課
기다렸죠	待ちましたね	10課
기다리다	待つ	10課
기말	期末	13課
기쁘다	嬉しい	13課
기온	気温	5課
기회	機会	11課
길	道	13課
김밥	キンパ(韓国の海苔巻き)	6課
김치	キムチ	6課

김치전	キムチジョン	6課
김치찌개	キムチチゲ	6課
~까지	～まで	8課
까치	カササギ	p28
깨끗하다	きれいだ、清潔だ	11課
껌	ガム	3課
~께	～に(에게)の尊敬語	12課
꼭	必ず	11課
꽃	花	p29
끄다	消す	p25
끝	末、終わり	p29
끝나	終わり、終わって	13課
끝나다	終わる	13課
끝내다	終える	12課
나	わたし、僕	3課
나가다	出かける、出る	11課
나무	木	p20
나오다	出る、出かける	13課
나올 걸	出ればよかった	13課
날씨	天気	5課
남다	残る	11課
남동생	弟	7課
남자	男子、男性	7課
내가	わたしが、僕が	13課
내밀다	差し出す	11課
내밀며	出しながら	11課
내용	内容	7課
내일	明日	10課
너구리	狸	p26
너무	とっても、あまりにも	11課

넋	魂	p29
넣다	入れる	9課
넣으세요	入れてください	9課
네	はい	2課
~네요	～ですね	11課
년	年	11課
노래	歌	5課
노트	ノート[note]	4課
녹차	緑茶	4課
논	水田、たんぼ	p29
놀다	遊ぶ	13課
농구	バスケットボール	5課
놓다	置く	p29
누구	誰	7課
누나	姉(男性から見た呼称)	7課
~는	～は(母音で終わる名詞の後)	1課
~는데	～けど、ので	11課
~는요?	「～は?」の丁寧形	12課
늦게	遅く	13課
늦다	送れる、遅い	10課
늦어서	遅れて、遅いので	10課
늦었어요	遅くなりました	10課
늦을 것 같아	遅れそう	13課
늦을 것 같아요	遅れそうです	13課
늦잠	朝寝坊、寝坊	10課
다	すべて	p25
다음	次(の)、今度、次回	7課
닭갈비	タッカルビ	6課
대단히	とても、きわめて	11課

대학생	大学生	1課
댄스	ダンス[dance]	11課
더없이	この上なく	11課
더워요	暑いです	5課
덥다	暑い	5課
덮다	蓋をする、覆う	p29
~도	~も	3課
도구	道具	p26
도서관	図書館	9課
도착	到着	8課
도토리	どんぐり	p20
독일	ドイツ、独逸	9課
돈	お金	11課
돈을 찾다	お金をおろす	11課
동안	間	7課
돼요	なります、いいです	8課
되길	なるように	8課
되다	なる、いい	8課
되면	なったら	11課
되죠	なります	8課
됩니다	なります、いいです	8課
두	二つの	9課
뒤	後ろ	9課
드라마	ドラマ[drama]	6課
드리다	差し上げる	8課
드립니다	差し上げます	8課
듣다	聞く	p29
~들	～たち	11課
들어 보다	聞いてみる	12課
들어가다	入る(外から中に)	13課

들어가지 말고	入らないで	13課
디브이디	DVD	3課
디카	デジカメ	4課
따	開け(命令下称形)	p25
따다	開ける、取る、摘む	p24
따뜻하다	暖かい	5課
따뜻해요	暖かいです	5課
땡큐	サンキュー[Thank you]	1課
떡볶이	トッポッキ	5課
또	又	p28
뜻	意味、意志	p29
뜻이 있는 곳에 길이 있다	「意志あるところに道は開ける」	13課
~라고 합니다	～と申します(母音で終わる名詞の後)	1課
라디오	ラジオ[radio]	p26
라면	ラーメン	12課
라인	ライン[line]	10課
~러	~しに(母音語幹の後)	12課
~러 갈까요	～しに行きますか、～しに行きましょうか	12課
럭비	ラグビー[Rugby]	12課
로	で(母音の後に続く、理由、原因を表す助詞)	2課
~를	～を(母音で終わる名詞に続く助詞)	6課
리본	リボン	p20
막걸리	マッコリ	8課
막내	末っ子	7課
막차	終電、最終電車	13課
만나다	会う	1課
만나러	会いに	7課

만났어요	会いました	13課
만들다	作る	12課
만들어 봤어요	作ってみました	12課
많다	多い	p29
많이	たくさん、多く	10課
말하다	言う	13課
맑다	清い、澄む	5課
맑아요	澄んでいます	5課
맑음	晴れ	13課
맛	味	3課
맛있는	おいしい〜(「おいしい」の連体形)	12課
맛있다	おいしい	3課
맛있어요	美味しいです	6課
매우	とても、大変、ずいぶん	5課
머리	頭	p27
머무르다	泊まる	8課
머뭅니까?	泊まりますか	8課
먹고 싶어요	食べたいです	12課
먹다	食べる	6課
먹어 보다	食べてみる	12課
먹어 본	食べてみた〜(「食べてみる」の連体形)	12課
먹어 봤어요	食べたことあります	12課
먹어요	食べます	6課
먹지 말고	食べないで	13課
메일	メール	7課
며	ながら、で	11課
며칠	何日	7課
~면	〜れば(仮定:母音で終わる名詞の後)	11課

~면서	～ながら(母音語幹の後)	11課
몇	何~、いくつ	7課
몇 시	何時	7課
모니터	モニター[monitor]	4課
모두	すべて	6課
모르니까	わからないので	9課
모르다	わからない、知らない	9課
모자	帽子	3課
목	のど、首、声	11課
목소리	声	11課
목요일	木曜日	13課
목적	目的	8課
몸	体	p29
못～	～できない(不可能:動詞の前)	10課
못하다	できない	13課
무슨	何の、どんな	6課
무슨 요일	何曜日	13課
무슨 일	何か(何のこと)	13課
무엇	何	2課
무지개	虹	p20
묶다	結ぶ	p29
문제	問題	13課
뭐(무엇の縮約形)	何	p33
뭐죠	何ですか	8課
미국	アメリカ、美国	9課
미래	未来	13課
미리	あらかじめ	12課
미안하다	すまない	1課
미안해요	すみません	10課

밀리다	混んでいる、滞る	10課
밑	下	9課
바꾸다	変える	10課
바꿔서	変えたので	10課
바다	海	p25
바다	海	9課
바람	風	5課
바랍니다	願います	8課
바쁘다	忙しい	10課
밖	外	5課
반갑다	うれしい(人に会えた時)	1課
밝게	明るく	13課
밝다	明るい	13課
밤	夜	5課
밥	ご飯	p29
방	部屋	p29
방 안	部屋の中	5課
방탄소년단	防弾少年団(Kpop歌手のグループ名)	6課
방학	休み(学校の長期休暇)、放学	13課
백	百	3課
버리다	～(して)しまう	13課
벌써	もう	13課
보내다	送る	13課
보다	見る	7課
~보다	～より	10課
보러	見に	7課
보리	麦	p27
복	福	p29
볼펜	ボールペン[ball pen]	1課

봐요	見ます	13課
봤어요?	見ましたか	11課
부담스럽다	負担に感じる	11課
부대찌개	プデチゲ(部隊鍋)	6課
부러워요	うらやましいです	11課
부럽다	うらやましい	11課
부르다	歌う、呼ぶ	11課
부모님	ご両親	12課
부엌	台所	p29
~부터	～から(出来事の始まりや起点という意を表す助詞)	8課
분명히	明確に	13課
불러서	歌って、呼んで	11課
붙잡다	つかむ、つかまえる	13課
붙잡아서	つかんだので、誘ったので	13課
비	雨	p20
비밀	秘密	13課
비빔밥	ビビンバ	12課
비슷하다	似ている	9課
비슷합니다	似ています	9課
비싸다	高い(値段)	10課
비행기	飛行機	7課
빙수	かき氷	6課
빠르게	速く、早く	13課
빠르다	速い、早い	p24
빠를 것 같아요	早いようです	13課
빨리	早く	10課
빵	パン	3課
뽀빠이	ポパイ	p25
사 보다	買ってみる	12課
사 봤어요	買ってみました	12課

사다	買う	p25
사람	人	1課
사랑	愛	p20
사전	辞書、辞典	6課
사지 말고	買わないで	13課
사진	写真	7課
삶	暮らし	p29
삼겹살	サムギョプサル(豚の三枚肉)	6課
삼계탕	サムゲタン、参鶏湯	12課
샀어요	買いました	10課
새	鳥	6課
생각	考え	8課
샤프	シャープ(ペン)[sharp]	3課
서로	お互い(に)	p27
서울	ソウル	9課
선물	プレゼント、お土産、膳物	6課
선생님	先生	3課
소개하다	紹介する	12課
소설	小説	12課
소주	焼酎	8課
손가락	(手の)指	11課
솔	松	p29
쇼핑	ショッピング[shopping]	3課
수영장	水泳場、プール	6課
숙소	宿所、泊まる所	8課
숙제	宿題	3課
순두부	スンドゥブ	6課
술	お酒	7課
쉬다	(声が)かれる・かすれる、休む	11課
쉬었어요	(声が)かれました・かすれました、休みました	11課

스마트폰	スマートフォン[smart phone]	1課
스시	お寿司	12課
스키	スキー[ski]	6課
스포츠	スポーツ[sports]	6課
시	時	7課
시간	時間	6課
시계	時計	6課
시디	CD	3課
시설	施設	11課
시원하다	涼しい	5課
시원해요	涼しいです	5課
시작하다	始まる	13課
시작했어	始まった	13課
시합	試合	12課
시험	試験	13課
식당	食堂	8課
식사	食事	6課
식사해요	食事します、食事しましょう	6課
식혜	シッケ	4課
신곡	新曲	11課
신나다	喜ぶ、楽しい	11課
신났어요	興じました、楽しかったです	11課
신선하다	新鮮だ	5課
신선해요	新鮮です	5課
신주쿠	新宿	9課
실내	室内	5課
싫다	嫌いだ	p29
심사	審査	8課
심사관	審査官	8課

싶다	～たい(-고 싶다の形で)、思う	11課
싸다	安い	p24
써 보다	使って(書いて)みる	12課
써 봤어요	使って(書いて)みました	12課
써요	使います	10課
쓰고	使い	10課
쓰다	使う、書く	10課
~씨	～さん	2課
아	あ(感嘆詞)	5課
아니	いいえ、いや	13課
아니에요	いいえ	10課
아니요	いいえ	2課
아래	下	9課
아무거나	何でも	9課
아무튼	とにかく	5課
아버지	父	7課
아이	子供	p10
아이디	ID	10課
아이패드	アイパッド[iPad]	12課
아주	とっても、非常に	5課
아직	まだ	5課
아직도	いまだに、まだまだ	5課
아침	朝	5課
아프리카	アフリカ[Africa]	5課
안	中、~内	5課
안 ~	～しない(否定：動詞の前)	13課
안 먹다	食べない	13課
안 먹어요	食べません	13課
안 사다	買わない	13課
안 사요	買いません	13課

안 하다	しない	13課
안 했어	していない	13課
안내	案内	8課
안녕	元気、ばいばい	1課
안녕하다	安寧だ	1課
안녕히	安寧に、お元気で	1課
안됐어요	できませんでした	10課
안되다	できない	8課
안전하다	安全だ	11課
앉다	座る	p29
알다	知る、わかる	12課
알려 주세요	お知らせください	10課
알리다	知らせる	10課
알아요	知っています、わかります	12課
알파벳	アルファベット[alphabet]	10課
앞	前	9課
앞으로	これから	10課
애정	愛情	p32
야구	野球	5課
야유	揶揄	p10
약속	約束	8課
양	羊	p20
양념치킨	ヤンニョムチキン	12課
얘기(=이야기の縮約形)	話	p32
어느	どの	4課
어느 것	どれ	4課
어디	どこ	2課
어디로	何処に	8課
어디인데요	どこですか	12課
어땠어요?	どうでしたか	11課

어떠하다	どうだ、どんな	11課
어떤	どのような	9課
어떻게	どう、どのように	8課
어떻다	どうだ、どのようだ	8課
어렵다	難しい	13課
어머	あら	12課
어머니	母	7課
어이	「おい」:人を呼ぶ際に使う	p11
어제	昨日	10課
언니	姉(女性から見た呼称)	7課
언제	いつ	7課
얼마	いくら	3課
없다	ない、いないいない	p28
없다	ない、いない	p29
~에	～に	6課
~에게	～に(人に対して)	10課
~에는	～には	5課
~에서	～で(場所を表す助詞)	6課
에스엔에스	SNS	10課
에스케이	SK	9課
엔	円	3課
엘지	LG	9課
엘티이	LTE	9課
엠피쓰리	MP3	3課
여권	パスポート、旅券	8課
여기	ここ	3課
여덟	八、八つ(固有数詞)	p29
여동생	妹	7課
여름	夏	9課
여우	狐	p11

여유	余裕	6課	
여자	女子、女性	7課	
여행	旅行	2課	
역사	歴史	2課	
연결	連結	9課	
연결됐습니다	連結されました、つながりました	9課	
연결되다	つながる	9課	
연락처	連絡先、連絡處	8課	
연락하는 게	連絡することが	10課	
연락할게요	連絡しますね	10課	
연예인	芸能人	2課	
영국	イギリス、英国	9課	
영어	英語	2課	
영화	映画	7課	
옆	横	9課	
예	はい	6課	
예약하다	予約する	12課	
예약해 놓을게요	予約しておきますね	12課	
예외	例外	p33	
예요	です(母音で終わる名詞に続くやわらかい丁寧形語尾)	3課	
예요?	ですか(母音で終わる名詞に続くやわらかい丁寧形語尾の疑問形)	4課	
예의	礼儀	p32	
예정	予定	8課	
오늘	今日	5課	
오다	来る	7課	
오른쪽	右側	9課	
오면서	来ながら	10課	
오빠	兄(女性から見た呼称)	7課	

오이	きゅうり	p11
오전	午前	13課
오후	午後	7課
~와	〜と(母音で終わる名詞の後)	5課
와	来て	13課
와 같이	と一緒に(母音で終わる名詞の後)	6課
와인	ワイン[wine]	8課
왔어요	来ました	13課
왜	なぜ	p33
외국인	外国人	8課
외할머니	母方の祖母	7課
외할아버지	母方の祖父	7課
왼쪽	左側	9課
요	です(母音で終わる名詞に続く丁寧形語尾)	6課
요금	料金	11課
요리	料理	7課
요요	ヨーヨー	p11
욕심쟁이	欲張り	6課
우유	牛乳	p11
원	ウォン(韓国の通貨単位)	3課
원하다	望む、願う	9課
월	月	7課
위	上	p33
유심	USIM	9課
유아	幼児	p11
유익하다	有益だ	13課
유익하다	有益に	13課
유튜브	ユーチューブ[YouTube]	10課
유학	留学	8課

유학생	留学生	2課
~으러	~しに(子音語幹の後)	12課
~으로	で(子音の後に続く、理由、原因を表す助詞)	10課
으아	「わあ」(感動詞)	p11
~은	～は(子音で終わる名詞の後)	1課
~을	~を(子音で終わる名詞の後)	6課
~을/를 위해서	～のために	13課
읊다	詠む	p29
음	うん、ううん	6課
음료	飲料、飲み物	4課
음식	食べ物、料理	6課
음악	音楽	6課
의	の(所有を表す助詞)	13課
의사	医師、医者	p34
이	が(子音で終わる名詞の後)	2課
이	この	4課
이 아닙니다	ではありません(子音で終わる名詞の後)	2課
이거	これ	11課
이건	これは	4課
이것	これ	4課
이고	であり	8課
이다	である	1課
~이라고 합니다	～と申します(子音で終わる名詞の後)	1課
이름	名前	1課
이번	今度、きたる	12課
이었어요	「だった」の過去丁寧形(子音で終わる名詞の後)	11課
이에요	です(子音で終わる名詞に続くやわらかい丁寧形語尾)	4課

이요	です(子音で終わる名詞に続く丁寧形語尾)	6課
이유	理由	p11
이제	今、もう	13課
~인데	~であるが	8課
인삼차	人参茶	4課
인스타그렘	インスタグラム[Instagram]	10課
인편	人便、人づて	10課
일	こと、仕事	7課
일	日	7課
일간	日間	3課
일본	日本	1課
일어나다	起きる	13課
일어났어	起きた	13課
일찍	早めに、早く	13課
읽다	読む	12課
읽어 봤어요	読んでみました	12課
입구	入口	13課
입국	入国	8課
입니까?	ですか	2課
입니다(이다の丁寧形)	です	1課
있는	「いる」の現在連体形	13課
있다	いる、ある	1課
있다	ある、いる	3課
있습니다	あります、います(かしこまった丁寧形語尾)	8課
있을	「いる」の未来連体形	8課
잊다	忘れる	13課
자	ものさし、定規	p20
자	では、さあ	9課
자꾸	繰り返し、しきりに	13課

자다	寝る	p25
자버렸다	寝てしまった	13課
자요	寝ます	13課
잘	よく	1課
잘 못하는 것	よく(ちゃんと)できないこと	13課
잠깐	少し	9課
잠깐만요	少しお待ちください	13課
잠을 자다	寝る	13課
잡지	雑誌	9課
잡채	チャプチェ(春雨炒め)	6課
장소	場所	8課
재미	面白さ	3課
재미있다	おもしろい	8課
저	私、あの	1課
저건	あれは	4課
저것	あれ	4課
저기	あそこ	3課
저녁	夕方、夕食	11課
저쪽	あそこ、あちら	8課
적	こと	12課
전	前	10課
전공	専攻	2課
전통	伝統	4課
전하다	伝える	10課
전화	電話	10課
전화번호	電話番号	8課
전화하다	電話する	11課
전화했는데	電話したけれども	10課
점원	店員	3課
정말	本当に、本当	11課

젖	乳	p29
제	私の	2課
제이팝	[Jpop]	3課
제일	最も、一番	6課
조금	少し	10課
조심하다	気を付ける	5課
조심하세요	気を付けてください	5課
조용히	静かに	10課
좀	少し	10課
종류	種類	9課
좋다	良い、好きだ	5課
좋아요	良いです、好きです	5課
좋아하다	好きだ	6課
좋아해요	好きです	6課
좋았어요	よかったです	11課
좋은	「良い」の現在連体形	8課
죄송하다	申し訳ない	1課
주거	住居	p27
주다	くれる、あげる	10課
주말	週末	6課
주세요	ください	8課
주스	ジュース[juice]	3課
주의하다	注意する	6課
준비하다	準備する	13課
중	中、～の中	6課
중국	中国	9課
즉	すなわち、つまり	9課
지 말고	～しないで	13課
지게	しょいこ(背負子)	p32
지난주	先週	10課

지키다	守る	13課
직업	職業	2課
직접	直接	9課
짐	荷物	8課
집	家	8課
짜다	塩辛い	p24
쫑파티	打ち上げパーティ	13課
찌개	チゲ、鍋	6課
찍다	撮る	9課
차	車、茶	7課
차다	冷たい	p25
차요	冷たいです	5課
차이	差異、差	9課
찾는 곳	取る場所	8課
찾다	取る、探す、訪ねる	8課
찾다	探す、取る	8課
책	本	p20
책	本	3課
처자	妻子	p27
천	千	3課
천만에	とんでもない、どういたしまして	1課
천천히	ゆっくり	13課
청소	掃除、清掃	11課
청소하다	掃除する、清掃する	12課
초콜릿	チョコレート[chocolate]	3課
추가하다	追加する	10課
추워요	寒いです	5課
춥다	寒い	5課
치즈	チーズ[cheese]	6課

친구	友達、親旧	7課
친구들	友達(複数を指す)	10課
친절하다	親切だ	11課
카드	カード[card]	p27
카카오톡	カカオトーク[KakaoTalk]	10課
카톡	カカオトークの縮約形	10課
캠핑	キャンピング、キャンプ[camping]	p20
커피	コーヒー[coffee]	3課
컴퓨터	パソコン、コンピューター[computer]	2課
케이티	KT	9課
케이팝	[Kpop]	3課
콘서트	コンサート[concert]	7課
콜라	コーラ[cola]	1課
크게	大きく	13課
크다	大きい	p25
크다	大きい	13課
키보드	キーボード[keyboard]	4課
타	乗れ、乗って(命令下称形)	p25
타구	打球	p27
타다	乗る	8課
타피오카	タピオカ[tapioca]	1課
탔어요	乗りました	13課
태양	太陽	p20
토요일	土曜日	12課
통과하다	通り過ぎる、通過する	13課
통신	通信	9課
투어 컨덕터	ツアーコンダクター[tour conductor]	2課
티켓	チケット[ticket]	3課

파다	掘る	p25
파도	波	p20
파이브지	5G	9課
판타스틱	ファンタスティック [fantastic]	11課
팬	ファン[fan]	2課
페이스북	フェイスブック[Facebook]	10課
편리하다	便利だ	11課
편지	手紙	10課
편하다	楽だ	10課
편할 것	楽なこと	10課
포리너	フォリナー[foerigner]	8課
표	切符、チケット、票	11課
프랑스	フランス[France]	5課
프로그래머	プログラマー[programmer]	2課
프로그램	プログラム[program]	11課
프린터	プリンター[printer]	4課
피곤하다	疲れる	13課
피곤해서	疲れて	13課
ㅎㅎ	はは(笑い声を意味するハングル表記)	6課
~하고	~と	5課
하나	ひとつ	9課
하늘	空	5課
하다	する	5課
하루	一日	9課
하마	かば	p20
하지 말고	しないで	13課
하하	はは(笑い声)	9課
학교	学校	7課
학생	学生	1課

한 개	一個	9課
한국	韓国	1課
한다	する(하다の下称形)	9課
할 것	すること	13課
할머니	祖母	7課
할아버지	祖父	7課
핥다	舐める	p29
함께	一緒に	7課
핫도그	ホットドッグ[hot dog]	6課
해 보다	してみる	12課
해 봤어요	してみました	12課
해 주세요	してください	9課
해물전	海鮮チヂミ	6課
해야겠다	しなければならない	13課
해요	します(하다のやわらかい丁寧形語尾)	6課
협조	協力、協助、協調	8課
형	兄(男性から見た呼称)	7課
호떡	ホットック(もち米粉の揚げ焼き)	6課
호수	湖、湖水	p28
혼자	独り	13課
환상적	幻想的	11課
황홀하다	恍惚だ、物事に心を奪われてうっとりする	11課
회사	会社	9課
회사원	会社員	2課
휴대폰	携帯電話、携帯フォン[phone]	9課
흙	土	p29
히스토리	ヒストリー[History]	2課

単語索引〈日本語⇒韓国語：あいうえお順〉

★ 1.次の①に該当する漢字と②に該当する漢字とハングルに下線を引いています。
①韓国語と同一の漢字を使用する日本語。
②韓国語の一部に漢字が用いられている場合の該当部分。

★ 2.外来語は[　]内に英語を示しています。

暑いです	더워요	5課
兄(女性から見た呼称)	오빠	7課
兄(男性から見た呼称)	형	7課
姉(女性から見た呼称)	언니	7課
姉(男性から見た呼称)	누나	7課
アフリカ[Africa]	아프리카	5課
雨	비	p20
アメリカ、美国	미국	9課
あら	어머	12課
あらかじめ	미리	12課
ありがたい	고맙다	1課
あります、います(かしこまった丁寧形語尾)	있습니다	8課
ある、いる	있다	3課
アルファベット[alphabet]	알파벳	10課
あれ	저것	4課
あれは	저건	4課
安全だ	안전하다	11課
案内	안내	8課
安寧だ	안녕하다	1課
安寧に、お元気で	안녕히	1課
いいえ	아니에요	10課
いいえ	아니요	2課
いいえ、いや	아니	13課
言う	말하다	13課
家	집	8課
行かれる(가다の尊敬形)	가시다	9課
行きます(가다のやわらかい丁寧形語尾)	가요	6課
行きますか、行きましょうか	갈까요	12課
イギリス、英国	영국	9課

行く	가다	1課
入口	입구	13課
いくら	얼마	3課
行けば	가면	8課
医師、医者	의사	p34
「意志あるところに道は開ける」	뜻이 있는 곳에 길이 있다	13課
忙しい	바쁘다	10課
一日	하루	9課
一番	가장	6課
いつ	언제	7課
一個	한 개	9課
一緒	같이	7課
一緒に	함께	7課
行ってくる	갔다 오다	10課
行ってみる	가보다	9課
犬	개	11課
今、もう	이제	13課
いまだに、まだまだ	아직도	5課
意味、意志	뜻	p29
妹	여동생	7課
いらっしゃる(있다の尊敬形)	계시다	1課
いる、ある	있다	1課
「いる」の現在連体形	있는	13課
「いる」の未来連体形	있을	8課
入れてください	넣으세요	9課
入れる	넣다	9課
インスタグラム[Instagram]	인스타그램	10課
飲料、飲み物	음료	4課
上	위	p33

ウォン(韓国の通貨単位)	원	3課
歌う、呼ぶ	부르다	11課
歌って、呼んで	불러서	11課
打ち上げパーティ	쫑파티	13課
海	바다	p25
海	바다	9課
うらやましい	부럽다	11課
うらやましいです	부러워요	11課
嬉しい	기쁘다	13課
うれしい(人に会えた時)	반갑다	1課
うん、ううん	음	6課
映画	영화	7課
英語	영어	2課
SNS	에스엔에스	10課
SK	에스케이	9課
MP3	엠피쓰리	3課
LG	엘지	9課
LTE	엘티이	9課
円	엔	3課
「おい」:人を呼ぶ際に使う	어이	p11
おいしい	맛있다	3課
おいしい～(「おいしい」の連体形)	맛있는	12課
美味しいです	맛있어요	6課
終える	끝내다	12課
多い	많다	p29
大きい	크다	p25
大きい	크다	13課
大きく	크게	13課
お金	돈	11課

お金をおろす	돈을 찾다	11課
起きた	일어났어	13課
起きる	일어나다	13課
置く	놓다	p29
送る	보내다	13課
遅れそう	늦을 것 같아	13課
遅れそうです	늦을 것 같아요	13課
遅れて、遅いので	늦어서	10課
遅れる、遅い	늦다	10課
お酒	술	7課
お知らせください	알려 주세요	10課
お寿司	스시	12課
遅く	늦게	13課
遅くなりました	늦었어요	10課
お互い(に)	서로	p27
弟	남동생	7課
おもしろい	재미있다	8課
面白さ	재미	3課
終わり、終わって	끝나	13課
終わる	끝나다	13課
音楽	음악	6課
歌	노래	5課
が(子音で終わる名詞の後)	이	2課
～が(母音で終わる名詞の後)	~가	5課
カード[card]	카드	p27
外国人	외국인	8課
会社	회사	9課
会社員	회사원	2課
海鮮チヂミ	해물전	6課
買いました	샀어요	10課

買いません	안 사요	13課
買う	사다	p25
変えたので	바꿔서	10課
変える	바꾸다	10課
カカオトーク[KakaoTalk]	카카오톡	10課
カカオトークの縮約形	카톡	10課
かき氷	빙수	6課
家具	가구	p26
格言	격언	13課
学生	학생	1課
カササギ	까치	p28
歌手	가수	1課
風	바람	5課
風邪	감기	5課
学校	학교	7課
買ってみました	사 봤어요	12課
買ってみる	사 보다	12課
必ず	꼭	11課
かば	하마	p20
かばん	가방	p20
ガム	껌	3課
～から(出来事の始まりや起点という意を表す助詞)	~부터	8課
体	몸	p29
(声が)かれました・かすれました、休みました	쉬었어요	11課
(声が)かれる・かすれる、休む	쉬다	11課
買わない	안 사다	13課
買わないで	사지 말고	13課
考え	생각	8課
観光	관광	8課

韓国	한국	1課
感謝	감사	6課
感謝する	감사하다	1課
カンジャンケジャン(カニのしょうゆ漬け)	간장게장	6課
木	나무	p20
聞いてみる	들어 보다	12課
キーボード[keyboard]	키보드	4課
気温	기온	5課
ギガ[giga]	기가	9課
機会	기회	11課
聞く	듣다	p29
狐	여우	p11
切符、チケット、票	표	11課
来て	와	13課
軌道	궤도	p33
来ながら	오면서	10課
昨日	어제	10課
来ました	왔어요	13課
期末	기말	13課
キムチ	김치	6課
キムチジョン	김치전	6課
キムチチゲ	김치찌개	6課
キャンピング、キャンプ[camping]	캠핑	p20
牛乳	우유	p11
きゅうり	오이	p11
清い、澄む	맑다	5課
今日	오늘	5課
教科書	교과서	3課
興じました、楽しかったです	신났어요	11課

協力、協助、協調	협조	8課
拒絶、拒否	거절	13課
嫌いだ	싫다	p29
きれいだ、清潔だ	깨끗하다	11課
気を付けてください	조심하세요	5課
気を付ける	조심하다	5課
キンパ(韓国の海苔巻き)	김밥	6課
空気	공기	5課
空港	공항	7課
ください	주세요	8課
果物	과일	p32
暮らし	삶	p29
繰り返し、しきりに	자꾸	13課
来る	오다	7課
車、茶	차	7課
くれる、あげる	주다	10課
経験	경험	12課
計算書	계산서	8課
携帯電話、携帯フォン[phone]	휴대폰	9課
芸能人	연예인	2課
KT	케이티	9課
[Kpop]	케이팝	3課
消す	끄다	p25
～けど、ので	~는데	11課
元気、ばいばい	안녕	1課
幻想的	환상적	11課
～個	~개	12課
声	목소리	11課
コーヒー[coffee]	커피	3課

コーラ[cola]	콜라	1課
故郷	고향	9課
ここ	여기	3課
午後	오후	7課
午前	오전	13課
こと	것	13課
こと	적	12課
こと、仕事	일	7課
ことが	게(＝것이)	10課
子供	아이	p10
ことを	걸(것을)	9課
この	이	4課
この上なく	더없이	11課
ご飯	밥	p29
ご両親	부모님	12課
これ	이거	11課
これ	이것	4課
これから	앞으로	10課
これは	이건	4課
コンサート[concert]	콘서트	7課
混んでいる、滞る	밀리다	10課
今度、きたる	이번	12課
差異、差	차이	9課
妻子	처자	p27
探す、取る	찾다	8課
差し上げます	드립니다	8課
差し上げる	드리다	8課
差し出す	내밀다	11課
雑誌	잡지	9課
寒い	춥다	5課

寒いです	추워요	5課
サムギョプサル(豚の三枚肉)	삼겹살	6課
サムゲタン、参鶏湯	삼계탕	12課
～さん	~씨	2課
サンキュー[Thank you]	땡큐	1課
CD	시디	3課
[Jpop]	제이팝	3課
塩辛い	짜다	p24
しかし	그러나	p25
しかし	그렇지만	13課
時間	시간	6課
試験	시험	13課
辞書、辞典	사전	6課
静かに	조용히	10課
施設	시설	11課
下	밑	9課
下	아래	9課
～したいです	~고 싶어요	9課
シッケ	식혜	4課
知っています、わかります	알아요	12課
室内	실내	5課
していない	안 했어	13課
してください	해 주세요	9課
～(して)しまう	버리다	13課
してみました	해 봤어요	12課
してみる	해 보다	12課
しない	안 하다	13課
～しない(否定:動詞の前)	안 ~	13課
～しないで	지 말고	13課
しないで	하지 말고	13課

しなければならない	해야겠다	13課
~しに(子音語幹の後)	~으러	12課
~しに(母音語幹の後)	~러	12課
～しに行きますか、～しに行きましょうか	~러 갈까요	12課
します(하다のやわらかい丁寧形語尾)	해요	6課
シャープ(ペン)[sharp]	샤프	3課
写真	사진	7課
住居	주거	p27
ジュース[juice]	주스	3課
終電、最終電車	막차	13課
週末	주말	6課
宿所、泊まる所	숙소	8課
宿題	숙제	3課
種類	종류	9課
準備する	준비하다	13課
しょいこ(背負子)	지게	p32
紹介する	소개하다	12課
小説	소설	12課
焼酎	소주	8課
職業	직업	2課
食事	식사	6課
食事します、食事しましょう	식사해요	6課
食堂	식당	8課
女子、女性	여자	7課
ショッピング[shopping]	쇼핑	3課
知らせる	알리다	10課
知る、わかる	알다	12課
新曲	신곡	11課
審査	심사	8課

審査官	심사관	8課
新宿	신주쿠	9課
親切だ	친절하다	11課
新鮮だ	신선하다	5課
新鮮です	신선해요	5課
心配しないで	걱정하지 말고	13課
心配する	걱정하다	13課
水泳場、プール	수영장	6課
水田、たんぼ	논	p29
末、終わり	끝	p29
末っ子	막내	7課
スキー[ski]	스키	6課
好きだ	좋아하다	6課
好きです	좋아해요	6課
少し	잠깐	9課
少し	조금	10課
少し	좀	10課
少しお待ちください	잠깐만요	13課
涼しい	시원하다	5課
涼しいです	시원해요	5課
すなわち、つまり	즉	9課
すべて	다	p25
すべて	모두	6課
スポーツ[sports]	스포츠	6課
スマートフォン[smart phone]	스마트폰	1課
すまない	미안하다	1課
すみません	미안해요	10課
する	하다	5課
する(하다の下称形)	한다	9課

すること	할 것	13課
座る	앉다	p29
澄んでいます	맑아요	5課
スンドゥブ	순두부	6課
千	천	3課
専攻	전공	2課
先週	지난주	10課
先生	선생님	3課
掃除、清掃	청소	11課
掃除する、清掃する	청소하다	12課
そうすると、それでは	그러면	7課
そうだ	그렇다	13課
そうですか	그래요?	5課
そうみたいです	그런 가 봐요	10課
ソウル	서울	9課
そこ	거기	7課
そして	그리고	10課
外	밖	5課
その	그	4課
その中	그 중	6課
祖父	할아버지	7課
祖母	할머니	7課
空	하늘	5課
それ	그거	9課
それ	그것	4課
それは	그건	4課
～たい(-고 싶다の形で)、思う	싶다	11課
大学生	대학생	1課
大丈夫だ、なかなかいい	괜찮다	1課
大丈夫です	괜찮아요	10課

台所	부엌	p29
太陽	태양	p20
高い(値段)	비싸다	10課
だから	그래서	5課
打球	타구	p27
たくさん、多く	많이	10課
出しながら	내밀며	11課
～たち	~들	11課
タッカルビ	닭갈비	6課
「だった」の過去丁寧形(子音で終わる名詞の後)	이었어요	11課
狸	너구리	p26
タピオカ[tapioca]	타피오카	1課
食べたいです	먹고 싶어요	12課
食べたことあります	먹어봤어요	12課
食べてみた～(「食べてみる」の連体形)	먹어본	12課
食べてみる	먹어보다	12課
食べない	안 먹다	13課
食べないで	먹지 말고	13課
食べます	먹어요	6課
食べません	안 먹어요	13課
食べ物、料理	음식	6課
食べる	먹다	6課
魂	넋	p29
誰	누구	7課
男子、男性	남자	7課
ダンス[dance]	댄스	11課
チーズ[cheese]	치즈	6課
チゲ、鍋	찌개	6課
チケット[ticket]	티켓	3課

乳	젖	p29
父	아버지	7課
チャプチェ(春雨炒め)	잡채	6課
注意する	주의하다	6課
中国	중국	9課
直接	직접	9課
チョコレート[chocolate]	초콜릿	3課
ツアーコンダクター[tour conductor]	투어 컨덕터	2課
追加する	추가하다	10課
通信	통신	9課
使い	쓰고	10課
使います	써요	10課
使う、書く	쓰다	10課
使って(書いて)みる	써 보다	12課
つかむ、つかまえる	붙잡다	13課
疲れて	피곤해서	13課
疲れる	피곤하다	13課
つかんだので、誘ったので	붙잡아서	13課
月	월	7課
次(の)、今度、次回	다음	7課
作ってみました	만들어 봤어요	12課
作る	만들다	12課
伝える	전하다	10課
土	흙	p29
つながる	연결되다	9課
冷たい	차다	p25
冷たいです	차요	5課
で(子音の後に続く、理由、原因を表す助詞)	~으로	10課
～で(場所を表す助詞)	~에서	6課

で(母音の後に続く、理由、原因を表す助詞)	로	2課
～て、～して	~고	11課
であり	이고	8課
である	이다	1課
~であるが	~인데	8課
DVD	디브이디	3課
出かける、出る	나가다	11課
手紙	편지	10課
できない	못하다	13課
できない	안되다	8課
～できない(不可能：動詞の前)	못～	10課
できませんでした	안됐어요	10課
デジカメ	디카	4課
です	입니다(이다の丁寧形)	1課
です(子音で終わる名詞に続く丁寧形語尾)	이요	6課
です(子音で終わる名詞に続くやわらかい丁寧形語尾)	이에요	4課
です(母音で終わる名詞に続く丁寧形語尾)	요	6課
です(母音で終わる名詞に続くやわらかい丁寧形語尾)	예요	3課
ですか	입니까?	2課
ですか(母音で終わる名詞に続くやわらかい丁寧形語尾の疑問形)	예요?	4課
～ですね	~네요	11課
では	그럼	4課
では、さあ	자	9課
ではありません(子音で終わる名詞の後)	이 아닙니다	2課

~ではありません(母音で終わる名詞の後)	~가 아닙니다	2課
出る、出かける	나오다	13課
出ればよかった	나올 걸	13課
店員	점원	3課
天気	날씨	5課
伝統	전통	4課
電話	전화	10課
電話したけれども	전화했는데	10課
電話する	전화하다	11課
電話番号	전화번호	8課
～と	~과	5課
~と	~하고	5課
～と(母音で終わる名詞の後)	~와	5課
ドイツ、独逸	독일	9課
と一緒に(母音で終わる名詞の後)	와 같이	6課
どう、どのように	어떻게	8課
道具	도구	p26
どうだ、どのようだ	어떻다	8課
どうだ、どんな	어떠하다	11課
到着	도착	8課
どうでしたか	어땠어요?	11課
通り過ぎる、通過する	통과하다	13課
時	시	7課
時計	시계	6課
どこ	어디	2課
どこですか	어디인데요	12課
何処に	어디로	8課
ところで	그런데	10課
図書館	도서관	9課

とっても、あまりにも	너무	11課
とっても、非常に	아주	5課
トッポッキ	떡볶이	5課
とても、きわめて	대단히	11課
とても、大変、ずいぶん	매우	5課
とにかく	아무튼	5課
どの	어느	4課
どのような	어떤	9課
泊まりますか	머뭅니까?	8課
泊まる	머무르다	8課
～と申します(母音で終わる名詞の後)	~라고 합니다	1課
友達(複数を指す)	친구들	10課
友達、親旧	친구	7課
土曜日	토요일	12課
ドラマ[drama]	드라마	6課
鳥	새	6課
撮る	찍다	9課
取る、探す、訪ねる	찾다	8課
取る場所	찾는 곳	8課
どれ	어느 것	4課
どんぐり	도토리	p20
とんでもない、どういたしまして	천만에	1課
～と申します(子音で終わる名詞の後)	~이라고 합니다	1課
ない、いない	없다	p29
ない、いないいない	없다	p28
内容	내용	7課
中、~内	안	5課
中、～の中	중	6課

～ながら(母音語幹の後)	~면서	11課
ながら、で	며	11課
なぜ	왜	p33
夏	여름	9課
なったら	되면	11課
何	무엇	2課
何	뭐(무엇の縮約形)	p33
何~、いくつ	몇	7課
何か(何のこと)	무슨 일	13課
名前	이름	1課
波	파도	p20
舐める	핥다	p29
なります	되죠	8課
なります、いいです	돼요	8課
なります、いいです	됩니다	8課
なる、いい	되다	8課
なるように	되길	8課
何時	몇 시	7課
何ですか	뭐죠	8課
何でも	아무거나	9課
何日	며칠	7課
何の、どんな	무슨	6課
何曜日	무슨 요일	13課
～に	~에	6課
～に(人に対して)	~에게	10課
～に(에게)の尊敬語	~께	12課
虹	무지개	p20
日間	일간	3課
似ています	비슷합니다	9課
似ている	비슷하다	9課

〜には	~에는	5課
荷物	짐	8課
入国	입국	8課
人参茶	인삼차	4課
願います	바랍니다	8課
猫	고양이	5課
寝てしまった	자버렸다	13課
寝ます	자요	13課
寝る	자다	p25
寝る	잠을 자다	13課
年	년	11課
の(所有を表す助詞)	의	13課
ノート[note]	노트	4課
残る	남다	11課
望む、願う	원하다	9課
〜のために	~을/를 위해서	13課
のど、首、声	목	11課
飲み物	음료	4課
のようです	같아요	10課
乗りました	탔어요	13課
乗る	타다	8課
乗れ、乗って(命令下称形)	타	p25
〜は(子音で終わる名詞の後)	~은	1課
〜は(母音で終わる名詞の後)	~는	1課
「〜は?」の丁寧形	~는요?	12課
はい	네	2課
はい	예	6課
入らないで	들어가지 말고	13課
入る(外から中に)	들어가다	13課
始まった	시작했어	13課

始まる	시작하다	13課
場所	장소	8課
場所、ところ	곳	8課
バスケットボール	농구	5課
パスポート、旅券	여권	8課
パソコン、コンピューター[computer]	컴퓨터	2課
八、八つ(固有数詞)	여덟	p29
花	꽃	p29
話	얘기(=이야기の縮約形)	p32
母	어머니	7課
はは(笑い声)	하하	9課
はは(笑い声を意味するハングル表記)	ㅎㅎ	6課
母方の祖父	외할아버지	7課
速い、早い	빠르다	p24
早いようです	빠를 것 같아요	13課
早く	빨리	10課
速く、早く	빠르게	13課
早めに、早く	일찍	13課
晴れ	맑음	13課
パン	빵	3課
日	일	7課
飛行機	비행기	7課
非常に、ものすごく、	굉장히	11課
ヒストリー[History]	히스토리	2課
ひたすら	곬	p29
左側	왼쪽	9課
羊	양	p20
人	사람	1課
ひとつ	하나	9課

独り	혼자	13課
ビビンバ	비빔밥	12課
秘密	비밀	13課
百	백	3課
5G	파이브지	9課
ファン[fan]	팬	2課
ファンタスティック[fantastic]	판타스틱	11課
フェイスブック[Facebook]	페이스북	10課
フォリナー[foerigner]	포리너	8課
福	복	p29
二つの	두	9課
蓋をする、覆う	덮다	p29
負担に感じる	부담스럽다	11課
プデチゲ(部隊鍋)	부대찌개	6課
冬	겨울	13課
フランス[France]	프랑스	5課
プリンター[printer]	프린터	4課
プレゼント、お土産、膳物	선물	6課
プログラマー[programmer]	프로그래머	2課
プログラム[program]	프로그램	11課
部屋	방	p29
部屋の中	방 안	5課
勉強	공부	5課
便利だ	편리하다	11課
帽子	모자	3課
防弾少年団(Kpop歌手のグループ名)	방탄소년단	6課
ボールペン[ball pen]	볼펜	1課
ホットック(もち米粉の揚げ焼き)	호떡	6課

ホットドッグ[hot dog]	핫도그	6課
ほとんど	거의	9課
ポパイ	뽀빠이	p25
掘る	파다	p25
本	책	p20
本	책	3課
本当に、本当	정말	11課
前	앞	9課
前	전	10課
又	또	p28
まだ	아직	5課
待ちましたね	기다렸죠	10課
松	솔	p29
待つ	기다리다	10課
マッコリ	막걸리	8課
待って	기다려	13課
～まで	~까지	8課
守る	지키다	13課
右側	오른쪽	9課
湖、湖水	호수	p28
道	길	13課
見に	보러	7課
見ましたか	봤어요?	11課
見ます	봐요	13課
未来	미래	13課
見る	보다	7課
麦	보리	p27
難しい	어렵다	13課
結ぶ	묶다	p29
明確に	분명히	13課

メール	메일	7課
~も	~도	3課
もう	벌써	13課
申し訳ない	죄송하다	1課
目的	목적	8課
木曜日	목요일	13課
持ちたかったです	갖고 싶었어요	11課
もちろんです	그럼요	11課
持つ、所有する	갖다	11課
最も、一番	제일	6課
モニター[monitor]	모니터	4課
ものさし、定規	자	p20
問題	문제	13課
野球	야구	5課
約束	약속	8課
安い	싸다	p24
休み(学校の長期休暇)、放学	방학	13課
揶揄	야유	p10
ヤンニョムチキン	양념치킨	12課
有益だ	유익하다	13課
有益に	유익하다	13課
夕方、夕食	저녁	11課
USIM	유심	9課
ユーチューブ[YouTube]	유튜브	10課
ゆっくり	천천히	13課
(手の)指	손가락	11課
良い、好きだ	좋다	5課
「良い」の現在連体形	좋은	8課
良いです、好きです	좋아요	5課
幼児	유아	p11

～ようですね	~군요	11課
ヨーヨー	요요	p11
よかったです	좋았어요	11課
よく	잘	1課
よく(ちゃんと)できないこと	잘 못하는 것	13課
欲張り	욕심쟁이	6課
横	옆	9課
予定	예정	8課
詠む	읊다	p29
読む	읽다	12課
予約しておきますね	예약해 놓을게요	12課
予約する	예약하다	12課
余裕	여유	6課
～より	~보다	10課
夜	밤	5課
喜ぶ、楽しい	신나다	11課
読んでみました	읽어 봤어요	12課
ラーメン	라면	12課
ライン[line]	라인	10課
楽だ	편하다	10課
楽なこと	편할 것	10課
ラグビー[Rugby]	럭비	12課
ラジオ[radio]	라디오	p26
リボン	리본	p20
理由	이유	p11
留学	유학	8課
留学生	유학생	2課
料金	요금	11課
料理	요리	7課
旅行	여행	2課

例外	예외	p33
礼儀	예의	p32
歴史	역사	2課
～れば(仮定：母音で終わる名詞の後)	~면	11課
連結	연결	9課
連結されました、つながりました	연결됐습니다	9課
連絡先、連絡處	연락처	8課
連絡しますね	연락할게요	10課
連絡することが	연락하는 게	10課
「わあ」(感動詞)	으아	p11
ワイン[wine]	와인	8課
わからない、知らない	모르다	9課
わからないので	모르니까	9課
忘れる	잊다	13課
私、あの	저	1課
わたし、僕	나	3課
わたしが、僕が	내가	13課
私の	제	2課
~を(子音で終わる名詞の後)	~을	6課
～を(母音で終わる名詞に続く助詞)	~를	6課
後ろ	뒤	9課
使って(書いて)みました	써 봤어요	12課
試合	시합	12課
人便、人づて	인편	10課
日本	일본	1課
母方の祖母	외할머니	7課
緑茶	녹차	4課
恍惚だ、物事に心を奪われてうっとりする	황홀하다	11課

動詞の活用

	日本語	韓国語	합니다体		해요体	
			現在形	過去形	現在形	過去形
			(~ㅂ니다/습니다)	(~았/었습니다)	(~아요/어요)	(~았/었어요)
10課	遅れる	늦다	늦습니다	늦었습니다	늦어요	늦었어요
8,9課	あげる・くれる	주다	줍니다	줬습니다	줘요	줬어요
8課	ある・いる	있다	있습니다	있었습니다	있어요	있었어요
7課	案内する	안내하다	안내합니다	안내했습니다	안내해요	안내했어요
7課	行く	가다	갑니다	갔습니다	가요	갔어요
13課	起きる	일어나다	일어납니다	일어났습니다	일어나요	일어났어요
9課	買う	사다	삽니다	샀습니다	사요	샀어요
11課	楽しい	신나다	신납니다	신났습니다	신나요	신났어요
8課	差し上げる	드리다	드립니다	드렸습니다	드려요	드렸어요
10課	知らせる	알리다	알립니다	알렸습니다	알려요	알렸어요
13課	心配(する)	걱정(하다)	걱정합니다	걱정했습니다	걱정해요	걱정했어요
6課	好きだ	좋아하다	좋아합니다	좋아했습니다	좋아해요	좋아했어요
12課	食べてみる	먹어보다	먹어봅니다	먹어봤습니다	먹어봐요	먹어봤어요
10課	つながる	연결(되다)	연결됩니다	연결됐습니다	연결돼요	연결됐어요
8課	泊まる	머물다	머뭅니다	머물었습니다	머물어요	머물었어요
	泊まる	머무르다	머무릅니다	머물렀습니다	머물러요	머물렀어요
8課	なる	되다	됩니다	됐습니다	돼요	됐어요
13課	入る	들어가다	들어갑니다	들어갔습니다	들어가요	들어갔어요
13課	待つ	기다리다	기다립니다	기다렸습니다	기다려요	기다렸어요
7課	見る	보다	봅니다	봤습니다	봐요	봤어요
11課	持つ	가지다(갖다)	가집니다	가졌습니다	가져요	가졌어요
13課	わかる、知る	알다	압니다	알았습니다	알아요	알았어요

形容詞の活用

	日本語	韓国語	합니다体		해요体	
			現在形	過去形	現在形	過去形
			(~ㅂ니다/습니다)	(~았/었습니다)	(~아요/어요)	(~았/었어요)
11課	ありがたい	고맙다	고맙습니다	고마웠습니다	고마워요	고마웠어요
11課	うらやましい	부럽다	부럽습니다	부러웠습니다	부러워요	부러웠어요
10課	遅い	늦다	늦습니다	늦었습니다	늦어요	늦었어요
5課	さわやかだ	시원하다	시원합니다	시원했습니다	시원해요	시원했어요
5課	新鮮だ	신선하다	신선합니다	신선했습니다	신선해요	신선했어요
10課	すまない	미안하다	미안합니다	미안했습니다	미안해요	미안했어요
5課	澄んでいる	맑다	맑습니다	맑았습니다	맑아요	맑았어요
5課	そうだ	그렇다	그렇습니다	그랬습니다	그래요	그랬어요
10課	大丈夫だ	괜찮다	괜찮습니다	괜찮았습니다	괜찮아요	괜찮았어요
11課	どのようだ	어떻다	어떻습니다	어땠습니까?	어때요	어땠어요
5課	良い	좋다	좋습니다	좋았습니다	좋아요	좋았어요

指定詞の活用

	日本語	韓国語	합니다体		해요体	
			現在形	過去形	現在形	過去形
			(~ㅂ니다)	(~었/였습니다)	(~에요/예요)	(~었/였어요)
12課	いや、違う	아니다	아닙니다	아니었습니다	아니에요	아니었어요
1,7課	である	이다	입니다	이었습니다/였습니다	이에요/예요	이었어요/였어요

存在詞の活用

	日本語	韓国語	합니다体		해요体	
			現在形	過去形	現在形	過去形
			(~습니다)	(~었습니다)	(~어요)	(~었어요)
8課	ある・いる	있다	있습니다	있었습니다	있어요	있었어요
	ない・いない	없다	없습니다	없었습니다	없어요	없었어요

大坪　祐子(Otsubo Yuko)－修士(韓国言語文化)
上智大学・育英短期大学・尚美学園大学非常勤講師

小林　寛(Kobayashi Hiroshi)－文学博士
目白大学外国語学部韓国語学科教授(国際大学非常勤講師兼任)

金　敬鎬(Kim Kyungho)－文学博士
目白大学外国語学部韓国語学科教授

第2版

楽しい韓国語 (入門・初級)

発行日　2023年12月29日

著　者　大坪祐子・小林寛・金敬鎬
発行人　中嶋 啓太
編　集　金善敬

発行所　博英社
〒370-0006 群馬県 高崎市 問屋町 4-5-9 SKYMAX-WEST
TEL 027-381-8453 (営業、企画) / FAX 027-381-8457
E・MAIL hakueisha@hakueishabook.com
HOMEPAGE : www.hakueishabook.com

ISBN　978-4-910132-59-4

Printed in Korea
© 2023 大坪祐子・小林寛・金敬鎬

*乱丁・落丁本は、送料小社負担にてお取替えいたします。
*本書の全部または一部を無断で複写複製(コピー)することは、著作権法上での例外を除き、禁じられています。

定　価 2,530円 (本体 2,300円)